国家社科基金一般项目：中国旅游发展方案与太平洋岛国发展理念、发展战略对接研究（项目编号：19BGJ017）

山东省社会科学规划项目智库专项："一带一路"倡议下山东省对接太平洋岛国旅游外交的战略对策研究（项目编号：18C2KJ03）的阶段性研究成果

国际旅游研究 第一辑

主　编：张　瑛
副主编：王桂玉　史凯静

中央民族大学出版社
China Minzu University Press

图书在版编目（CIP）数据

国际旅游研究．第一辑 / 张瑛主编．-- 北京：中央民族大学出版社，2020.6

ISBN 978-7-5660-1779-6

Ⅰ.①国… Ⅱ.①张… Ⅲ.①国际旅游—文集 Ⅳ.①F590.84-53

中国版本图书馆 CIP 数据核字（2019）第 302040 号

国际旅游研究（第一辑）

主　　编　张　瑛
副 主 编　王桂玉　史凯静
责任编辑　赵　鹏　于秋颖
责任校对　杜星宇
封面设计　舒刚卫
出 版 者　中央民族大学出版社
　　　　　北京市海淀区中关村南大街27号　　邮编：100081
　　　　　电话：（010）68472815（发行部）　传真：（010）68933757（发行部）
　　　　　　　（010）68932218（总编室）　　　（010）68932447（办公室）
发 行 者　全国各地新华书店
印 刷 厂　北京建宏印刷有限公司
开　　本　787×1092　1/16　印张：12.25
字　　数　152千字
版　　次　2020年6月第1版　2020年6月第1次印刷
书　　号　ISBN 978-7-5660-1779-6
定　　价　56.00元

前 言

中国休闲与旅游业的发展从来没有像现在这样为人们所关注。显然，这是因为我国的休闲与旅游业遇到了前所未有的发展机遇和挑战。新时代，在实施共建“一带一路”倡议，构建人类命运共同体的时代背景下，中国休闲与旅游业在进一步满足人民日益增长的美好生活需要的同时，也会推动国际旅游合作与交流的进程。2017年入境旅游人数为1.39亿人次，比2012年增长5%，年均增长1%；2017年出境旅游人数为1.29亿人次，比2012年增长了4500多万人次。入境游与出境游齐头并进的发展势头奠定了我国旅游业在国际旅游市场上的重要地位。同时，旅游业在塑造和展示国家形象上也产生了广泛而深刻的影响。

2015年1月15日，国家旅游局于全国旅游工作会议上正式提出“旅游行业要主动作为，主动发声，服务国家整体外交”，这意味着我国的旅游外交开始从自发走向自觉。2016年12月7日，国务院印发《“十三五”旅游业发展规划》，我国旅游外交格局开始形成，《“十三五”旅游业发展规划》提出新时期要全面实施旅游外交战略，开展“一带一路”国际旅游合作，拓展与重点国家的旅游交流，创新完善旅游合作机制。自此，旅游外交由部门推动上升为国家战略，这将进一步提升和发挥中国休闲与旅游业在国际上的地位和作用，同时推进“一带一路”国际休闲与旅游发展的和谐与共荣，增进中国人民与“一带一路”沿线国家人民之间的友谊和互信。更深层次来讲，旅游外交是中国新型的特色外交方式，这有利于推进中国全方位、多层次、立体化特色大国外交布局的形成，为我国发展营造良好的外部条件。

《国际旅游研究》论文集是由中央民族大学国际旅游研究中心主编，中央民族大学出版社出版，主要收录以国际旅游问题和旅游外交为主题的学术论文。本论文集依托中央民族大学的优势研究领域，坚持服务于中国国际旅游业的发展战略，设有“特约专论”“专题论文”“学术动态”“会议综述”“新书评介”“论点摘编”等栏目，力图成为国际旅游研究领域的学术交流平台。

中央民族大学国际旅游研究中心成立于2017年4月，是国内第一个国际旅游研究机构，旨在通过严谨扎实的学术研究，服务国家战略和国际旅游合作发展，推动中国与“一带一路”沿线国家的旅游合作和人文交流。中心下设中国—东盟、中国—中亚、中国—东北亚、中国—太平洋岛国国际旅游问题等研究方向，现有专兼职研究人员10人，其中教授5人，副教授3人，具有博士学位人员9人。中心注重与高校、科研机构、地方政府和企业的交流合作，与北京大学、中山大学、南开大学、华东师范大学、首都师范大学、聊城大学太平洋岛国研究中心等建立了密切的学术联系。今后，研究中心将以“一带一路”沿线国家旅游问题等为研究重点，打造国际旅游研究领域具有专业优势和重要影响的国家智库。

目　　录

特约专论

大力开展主动旅游外交

白墨[①]

习近平总书记指出，中国人民的梦想同世界各国人民的梦想息息相通，实现中国梦离不开和平的国际环境。开放带来进步，封闭必然落后。中国开放的大门不会关闭，只会越开越大。要全面布局旅游外交工作，统筹出入境旅游市场优势，深化“一带一路”旅游国际合作，积极参与全球旅游治理体系改革和建设，不断贡献中国智慧和方案，全面提升中国旅游综合竞争力和国际影响力，开创旅游外交工作新局面，推动构建人类命运共同体。

要办好中国—欧盟、中国—加拿大旅游年。扩大“一带一路”旅游国际合作，办好上合组织旅游部长会议、中国—中东欧旅游高级别会议、中俄蒙旅游部长会议。组织好中美旅游高层对话等活动。积极参与中英、中法、中印尼、中土、中阿（阿根廷）等政府间合作机制，主动设计旅游领域成果。深化中美、中俄、中澳、中葡、中新（新西兰）等双边旅游务实合作机制。积极抓住世界旅游联盟带来的新机遇，为地方和企业提供更多国际平台。

---

① 白墨，博士，博雅方略研究院研究员，研究方向为经济地理、人文地理。本文系白墨根据《中国旅游报》对北京大学战略研究所副所长窦文章的采访整理而成。

问题：2018年全国旅游工作报告中，以构建人类命运共同体为指引，大力开展主动旅游外交，应该如何理解“主动”这一部署？在落实过程中有哪些注意事项？

窦文章：“主动”是指旅游发展超越其国际合作的传统角色定位，走向“外交领域”，在主动服务和融入国家战略上有所作为。在对外事务中日益增加旅游分量，通过旅游推进国际区域合作能力不断增强，推行大国之间、地区与地区之间、国家与地区之间等“客源外交”战略，通过旅游发展合作使新时代的对外交流规模不断扩大和层次提高。

“主动”就是中国旅游把中国方案转化为国际行动。通过“一带一路”国际旅游合作，形成“一带一路”沿线各国共享共建共荣伙伴关系的国际共识，编织起以亚欧大陆为中心，辐射各大陆、连接各大洋的旅游合作网络。通过旅游推广和合作，引领新兴市场国家与发展中国家的旅游发展和合作；通过“金砖”国家之间的旅游合作，构建具有世界影响的南南旅游发展合作新平台。

在落实过程中要注意以下事项：

● 在落实过程中要自信主动就是“示好”，提供更多的市场和产品，提供更多推动世界旅游的动力，主动显示中国的旅游发展不是要动谁的“奶酪”，而是通过旅游助力取得心理认同，构建新型国际关系和实施“一带一路”大国战略中取得国际社会和相关国家的心理认同。

● 在旅游外交中体现中国担当，提供更多的旅游基础设施和旅游产品，提供更多的旅游先进理念和旅游公共产品。中国特色的大国旅游外交就是“推动构建新型国际关系，推动构建人类命运共同体”，建立更加均衡普惠共享的旅游发展治理模式和规则，成为重塑国际旅游新格局的重要力量。

● 承认现有的国际规则下，坚定捍卫以联合国为核心的当代国际体系，维护拓展广大发展中国家的正当权益。坚持大小国家平等，推进国际关系民主化和法治化。我国的大国政策不是另起炉灶、推倒重来，而是打造富有活力的旅游增长模式、开放共赢的合作模式、公正合理的治理模式以及共享的发展模式，推动世界格局包容有序，推动国际规则公平公正。

● 积极发展全球旅游伙伴关系，构建总体稳定、均衡发展的大国关系框架。目前，国际局势的不确定性和不稳定性特征明显，通过旅游构造和平发展的环境，扩大同各国的利益交汇点，推进全球旅游协调和合作，推动世界旅游的健康发展。

问题：2018年全国旅游工作报告梳理了从2018年开始的三年即将开展的各项重点工作，包括旅游年、高层对话、双边合作等，在您看来，较以往常规的旅游外交工作而言，有哪些新的亮点？

窦文章：主要亮点有以下九点：

● 进一步贴近国情和人民需求，加大服务国内发展和保护海外利益力度。

● 在世界大变局中维护我国发展的良好外部环境，指引中国特色旅游外交担当有为、拓展突破，在时代潮头中焕发新的光彩。

● 中国主办高层级、大规模的旅游外交，在全球化的航线上，成为辨识方向的灯塔，推动旅游发展、经济全球化的再平衡。

● 在大国关系分化组合中，充分利用大国关系调整的机遇期，形成中国特色大国旅游外交的布局。

● 开创了“金砖+”旅游合作新模式，从全球的新兴市场国家和发展中国家的旅游发展入手，构建了具有全球影响力的南南合作新平台。

● 高举和平、发展、合作、共赢旗帜，不以意识形态和社会制度的差异划线，高度包容、高度开放，拓宽旅游国际合作渠道，拓展旅游的国际发展空间。

● 参与国际规则制定，为破解人类社会面临的各种全球性挑战提出中国方案，发挥好负责任大国的作用，始终坚定不移做世界和平的建设者、全球发展的贡献者、国际秩序的维护者。

● 推动中国标准“走出去”，从我国旅游发展中总结出具有规律性的经验，并将其进行推广，推动国际旅游秩序朝着更加公正合理的方向发展。

● 提升在世界旅游业的话语权和影响力。在国家层面挖掘、梳理、阐释中国将自身经济实力转化为国际制度塑造力、国际权利主张力、国际话语表达力的旅游外交实践。

问题：一直以来，提振入境旅游是我们的难点，过去我们也开展了很多工作，您认为，全面布局旅游外交工作，是否会对出入境旅游市场的提升产生积极影响？

窦文章：一定会给出入境旅游市场提升带来积极影响。旅游外交具有民众性、交流性、友好性、宣传性、政治性的特点。在宣传国家形象，促进中外友好交流，加强相互间经济的联系方面具有重要的意义。中国外交的基本原则和框架是“大国是关键、周边是首要、发展中国家是基础、多边是重要舞台”，也同样适用于在中国的出入境旅游发展。中国特色的大国旅游外交就是积极发展中美、中欧、中俄、中日等大国旅游关系，与周边、发展中国家及多边合作的旅游发展机制，这一定能发展新时代的入境游。

进入新时代，我国通过旅游合作，发挥稳定大国关系中流砥柱的战略作用。比如中美旅游双方开展良性互动，向国际社会发出积极信号，为各方旅游带来正面预期；中俄关系日益坚韧和稳定，中俄旅游协作向更高水平、更宽领域、更深层次不断迈进；中欧政策始终如一，打造跨区域旅游合作增长点，进一步拓展中欧关系战略内涵；中日改善双边关系，欢迎日方参与“一带一路”旅游建设；中印作为两大邻国和文明古国和睦相处，旅游共享。在大国关系的分化组合中，中国旅游战略回旋空间不断扩大。

中国周边旅游外交要“立威增信”，“一带一路”邻国相亲，则长有国。一方面欢迎周边国家搭乘中国经济发展便车，一方面在政治或安全问题上加强在周边的战略性建设。培植中国在周边地区的旅游软实力和威望，使周边国家对中国更加尊重。中国要更多参与地区旅游公共产品的提供，让周边国家均衡地分享中国发展红利。通过旅游对外传递出中国推动构建周边命运共同体的明确信号，共同绘制共建“一带一路”旅游的世纪新蓝图。通过旅游，稳定发展中菲关系，深化同柬埔寨、巴基斯坦等传统友好国家的互信支持；有效管控中韩分歧，深化旅游务实合作，致力维护朝鲜半岛和平稳定，推动中蒙关系进一步回暖上升。确保上合组织在旅游发展中发挥作用，积极推动澜沧江 — 湄公河旅游合作机制，打造澜湄国家命运共同体；同东盟国家重建旅游共识，推进地区国家共同制定南海规则；推动阿富汗和巴基斯坦的旅游安全合作，与缅甸和孟加拉国积极开展旅游合作；开启金砖合作“金色十年”旅游合作新前景，与全球的新兴市场国家和发展中国家构建具有全球影响的南南旅游合作；贴近国情和人民需求，加大服务国内发展和保护海外利益的力度。

总之，这些举措，一定会给中国出入境旅游发展带来正面影响。

问题：为了更好地落实好报告内容，大力开展好主动旅游外交，您还有哪些建议？

窦文章：第一，以合作共赢为核心，构建健康稳定的大国关系框架战略，积极推动我国与其他大国之间的旅游交往，不断扩大双方旅游交流的规模。第二，全面推进周边旅游外交，进一步扩大中国与周边国家间区域和次区域的旅游合作，特别是推动沿边地区的旅游开发开放，使旅游业在睦邻安邻富邻中发挥更大作用。第三，加强同发展中国家团结合作旅游发展战略，积极引导中国游客前往发展中国家旅游，推动中国旅游产业“走出去”，投资发展中国家，积极帮助发展中国家旅游业发展。特别要立足国家“一带一路”战略，推动我国与沿线国家的旅游合作，共同打造世界级的黄金旅游带。第四，积极参与国际旅游规则制定，通过加强与世界上重要国际组织与相关国家的合作，共同推动世界旅游的便利化、世界旅游市场的有序化、世界旅游服务的优质化。要借助我国出入境旅游人数快速增长的优势，不断增强中国旅游业在世界舞台的话语权。第五，维护中国游客在海外的合法权益，推动相关国家为中国游客提供更多的旅游公共服务，加强对中国游客的安全保障，尊重中国游客合理的文化习惯，增加更多签证便利化措施。第六，通过我国驻外使馆以及驻外使馆中的大使、领事、文化参赞、商务参赞、武官、一秘二秘等外交官的影响力，就文明旅游、国际旅游市场秩序等问题开展形式多样的旅游合作，使中国游客在海外游得放心、游得舒心、游得开心。

专题论文

新时代大国特色外交视野下的旅游外交研究①

张瑛 刘建峰②

摘要：旅游外交已成为新时代中国大国特色外交的重要形式，有利于推进中国全方位、多层次、立体化特色大国外交布局的形成。文章回顾了旅游外交发展与研究的历程，探讨了旅游外交理论研究与现实问题之间的罅隙。基于此，文章界定了旅游外交的概念并区分了旅游外交与传统外交、公共外交、民间外交、文化外交等概念的内涵和特征。最后，文章构建旅游外交四维研究矩阵，即专业维度、公共维度、政策维度和批判维度，并明确了不同维度研究重点和合作与共生关系。

关键词：旅游外交；一带一路；大国特色外交

① 本文系山东省社会科学规划项目智库专项：《"一带一路"倡议下山东省对接太平洋岛国旅游外交的战略对策研究》（18CZKJ03）、国家旅游局万名旅游英才计划研究型英才培养项目：《中国开展太平洋岛国旅游外交的战略意义及有效途径研究》（WMYC20171067）研究成果。

② 张瑛，博士，中央民族大学教授，博士生导师，主要从事旅游外交、遗产旅游研究，旅游规划与开发研究。刘建峰，中央民族大学博士研究生，聊城大学副教授，主要从事旅游外交研究、旅游规划与开发研究。

Prospect of Research on Tourism Diplomacy from the Perspective of Major-Country Diplomacy in the New Era

ZHANG Ying, LIU Jian-feng

Abstract: Tourism diplomacy has become an important form of China's major-country diplomacy in the new era, which is conducive to the formation of China's all-directional, multi-level and three-dimensional diplomatic layout. This paper reviews the development and research of tourism diplomacy, and probes into the gap between the theoretical research of tourism diplomacy and the real problems. Based on this, the article defines the concept of tourism diplomacy and distinguishes the connotations and characteristics of tourism diplomacy, traditional diplomacy, public diplomacy, civil diplomacy, cultural diplomacy and other concepts. Finally, the article constructs the four dimensional research matrix of tourism diplomacy, namely, the professional dimension, the public dimension, the policy dimension and the critical dimension, and clarifies the focus and cooperation and symbiotic relationship of different dimensions.

Keywords: Tourism Diplomacy; the Belt and Road; Major-Country Diplomacy

20世纪六七十年代，全球化运动兴起，越来越多的非国家行为主体参与国际外交事务，外交活动呈现出主体的多元化和参与方式的多样化。公共外交、文化外交、民间外交等非国家行为主体的现代外交方式应运而生，并迅速成为世界各国塑造国家形象和传播国家核心价值观的重要途径。新时代，在实施共建“一带一路”倡议，构建人类命运共同体的时代背景下，旅游业在进一步满足人民日益增长的美好生活需要的同时，也会推动国际旅游合作与交流，实现其政治和外交意义的延伸。[①]2016年12月7日，国务院印发《“十三五”旅游业发展规划》，提出我国旅游外交格局开始形成，新时期要全面实施旅游外交战略，开展“一带一路”国际旅游合作，拓展与重点国家旅游交流，创新完善旅游合作机制。[②]自此，旅游外交由部门推动上升为国家战略，旅游政策的制定将会更加自觉地体现国家的外交意志。旅游外交已作为新型的外交方式推进中国全方位、多层次、立体化特色大国外交布局的形成。

早期旅游理论研究中鲜有旅游外交的研究成果，代表性成果有:《回忆“文革”时期的旅游外交》(杨公素,1994)[③]、《旅游外交：我国旅游产业发展新取向》(梅毅,2006)[④]和《旅游外交与中国和平发展》(梅毅,2006)[⑤]。近几年旅游外交研究逐渐成为理论研究的热点，代表性的成果有:《论旅游经济对外交的影响力》(夏雪，2016)[⑥]、《以旅游外交助力中巴经济走廊的心理认同》(胡敏等,2016)[⑦]、《“旅游外交”对中日关系的作用和影响》(高梓菁，2016)[⑧]等。另外，陈邦瑜(2015)系统阐述了国际旅游与国际关系之间的双向作用，并注意到国际旅游对国际关系的负面影响[⑨]；王兴斌

① 刘建峰、王桂玉:《中国与太平洋岛国旅游合作研究》,《太平洋学报》2014年第11期，第47-54页。

② 国务院:《“十三五”旅游业发展规划》。2016年12月7日。

③ 杨公素:《回忆“文革”时期的旅游外交》,《国际政治研究》1994年第3期，第50-55页。

④ 梅毅:《旅游外交：我国旅游产业发展新取向》,《南昌大学学报(人文社会科学版)》2006年第5期，第45页。

⑤ 梅毅:《旅游外交与中国和平发展》，武汉大学博士学位论文，2006年。

⑥ 夏雪:《论旅游经济对外交的影响力》,《当代经济》2016年第18期，第109-110页。

⑦ 胡敏、曹兹纲、王杰:《以旅游外交助力中巴经济走廊的心理认同》,《新疆社会科学》2016年第6期，第79-82页。

⑧ 高梓菁:《“旅游外交”对中日关系的作用和影响》，上海外国语大学硕士学位论文，2016年。

⑨ 陈邦瑜:《国际旅游与国际关系的相互关系辨析》,《经济社会发展》2015第5期，第7-10页。

（2015）对旅游外交的概念和性质进行定位，并指出旅游外交的多主体状况以及对国家外交、国际关系的影响[①]；邹统钎、胡莹（2016）论述了旅游外交对国家形象的传播和塑造作用以及具体的旅游外交途径[②]。总体而言，当前旅游外交的研究工作仍处于探索阶段，研究议题多围绕旅游外交的性质定位、影响意义以及实施途径等，而对旅游外交的内涵、外延及研究的范畴尚未有明确的界定，相关的实证研究更为鲜见。

鉴于此，本文以建构主义国际关系理论的视角为切入点，侧重在回顾旅游外交发展历程的基础上总结中国特色旅游外交的历史经验，并提出旅游外交的内涵、外延以及四维研究矩阵。

一、我国旅游外交的发展与相关研究评述

（一）缘起：国家外交活动的有效补充

从20世纪60年代开始，旅游业作为中国外交事业的延伸和补充，主要扮演着政治性、外事性接待的角色（杨公素，1994；[③]高舜礼，2004[④]），在1981年之前，旅游局都由外交部代管。在此期间，外交部领导曾明确“旅游工作是外交工作的一部分”，周恩来总理也曾批示：“旅游局的任务是宣传自己、了解别人，扩大影响，争取同情，促进人类的相互了解，共同进步，团结一切力量结成国际统一战线”。[⑤]这个时期的旅游业属于“官

---

① 王兴斌：《让“旅游外交”成一大亮点》，《中国旅游报》，2015年5月25日，第004版。

② 邹统钎、胡莹：《旅游外交与国家形象传播》，《对外传播》2016年第5期，第22-24页。

③ 杨公素：《回忆“文革”时期的旅游外交》，《国际政治研究》1994年第3期，第50-55页。

④ 高舜礼：《旅游发展观应与时俱进》，《中国旅游报》，2004年4月7日。

⑤ 杨公素：《回忆“文革”时期的旅游外交》，《国际政治研究》1994年第3期，第50-55页。

方外交附属”（梅毅，2016），[①]是正统国家外交活动的有效补充。20世纪80年代以后，旅游局开始由国务院直接管辖，旅游业开始复苏，入境旅游人数开始稳步增长，旅游产业形象日益鲜明。1986年，“七五”计划中明确指出：“要大力发展旅游业，增加外汇收入，促进各国人民之间的友好往来”。这是旅游业第一次出现在国家计划中，我国旅游业的性质定位进一步明确。总体而言，20世纪80年代是中国旅游业的转型时期，旅游业开始由“官方外交附属”转变为积极的社会经济产业，其政治和外交功能开始逐渐被边缘化。

（二）发展：国际交流合作的深入推进

20世纪90年代后，入境旅游呈现出蓬勃发展之势，入境旅游创汇功能得到国家层面的高度重视。1992年，国家旅游局拉开全国“旅游主题年”的序幕，集中向国内外开展宣传促销和产品推广活动；1993年3月，国家旅游局正式加入太平洋亚洲旅行协会，开始稳步推进国际旅游合作与交流工作，如中国同东南亚国家、东北亚国家的旅游合作等。至20世纪90年代末，旅游业已发展成为中国特色的对外交往形式，极大地推动了中国与世界各国的联系，国际旅游合作与交流成为行业新的主题，相关研究成果（如李淳燕，1992[②]；赵友兴，1993[③]；周中坚，1994[④]；朱振明，1994[⑤]；施荣华，

① 梅毅：《旅游外交：我国旅游产业发展新取向》，《南昌大学学报（人文社会科学版）》2006年第5期，第45页。

② 李淳燕：《实行有效的区域性合作，开创国际旅游新局面》，《云南社会科学》1992年第3期，第36–40页。

③ 赵友兴：《从沿边开放探讨中外合作编制边境地区旅游地图的可能性》，《地图》1993年第2期，第53页。

④ 周中坚：《珍金惜玉，合璧连珠——保护北海旅游资源与发展北海东南亚旅游合作琐议》，《东南亚纵横》1994年第1期，第1–4页。

⑤ 朱振明：《依托亚洲西南大陆桥，发展西南地区与东南亚国家的旅游合作》，《东南亚》1994年第1期，第15–19页。

1994[①]；明庆忠等，1997[②]等）陆续见诸报纸和学术期刊中。李淳燕（1992）在文章《实行有效的区域性合作，开创国际旅游新局面》中指出旅游需求的产生和旅游业的发展是国际政治、外交、经济等多种因素综合作用的结果，区域性旅游是当代国际旅游的大趋势；[③]著名外交家杨公素先生（1994）在《回忆“文革”时期的旅游外交》一文中首次使用“旅游外交”一词，并通过对“文革”时期旅游外交工作的回顾，进一步阐明了旅游业的外交地位和作用。

（三）突破：积极的“客源外交”战略

进入21世纪以后，国际形势发展趋向缓和，国际社会的人文交流活动日益频繁。随着中国社会经济飞速增长，中国公民出境旅游人数也快速增长。2014年，中国公民出境旅游人数突破1亿人次，成为世界第一大出境游客源国；2016年，我国出境旅游人次达到1.22亿人次，旅游花费高达1098亿美元（约7600亿元人民币）。入境游与出境游齐头并进的发展势头奠定了我国旅游业在国际旅游市场上的重要地位。同时，旅游业在塑造和展示国家形象上也产生了广泛而深刻的影响。国家逐步认识到旅游业在对外战略布局中的重要作用，开始对重要的旅游决策进行整体的外交应用（梅毅，2006[④]），尤其是“客源外交”战略的顺利实施。这一时期的相关研究仍以国际旅游合作与交流为主。中国与东盟国家的旅游合作（如赵

---

① 施荣华：《开发澜沧江，促进经济合作，发展跨国旅游》，《云南师范大学学报（哲学社会科学版）》1994年第5期，第6页。

② 明庆忠、白廷斌：《澜沧江—湄公河次区域旅游合作的基本设想》，《旅游学刊》1997年第6期，第4页。

③ 李淳燕：《实行有效的区域性合作，开创国际旅游新局面》，《云南社会科学》1992年第3期，第36–40页。

④ 梅毅：《旅游外交与中国和平发展》，武汉大学博士学位论文，2006年。

和曼，2002[①]；徐红罡等，2005[②]；薛群慧，2006[③]；刘小龙等，2007[④]；罗明义，2008[⑤]；曹丽等，2012[⑥]；赵娴，2013[⑦]；）、中国与东北亚国家的旅游合作（如高群，2001[⑧]；温艳玲，2002[⑨]；马波，2007[⑩]；宋魁，2012[⑪]；徐功丽，2013[⑫]；）依然是热点领域；2013年之后，随着"一带一路"倡议的提出，"一带一路"沿线国家旅游合作议题的研究工作迅速展开，研究内容丰富且多样。

（四）新取向：旅游外交的内涵日益丰富

2015年，旅游外交被国家旅游局正式提出，并成为新时代中国大国特色外交的重要形式。主要表现在：（1）旅游业合作发展成为国家及地区政治经贸合作论坛的重要议题。2017年第一届"一带一路"国际合作高峰论

① 赵和曼：《中越旅游合作的现状及前景》，《东南亚》2002年第2期，第26–29页。

② 徐红罡、保继刚、周常春：《澜湄次区域旅游合作的特点及西双版纳对策》，《云南地理环境研究》2005年第6期，第6页。

③ 薛群慧：《东南亚旅游区域合作背景下的云南旅游危机管理应对策略》，《东南亚纵横》2006年第11期，第16–22页。

④ 刘小龙、刘杰豪、李庆雷：《大湄公河次区域旅游合作的进展、困难与前景》，《当代亚太》2007年第6期，第46–49页。

⑤ 罗明义：《构建中国—南亚旅游圈 促进中国与南亚的旅游合作与发展》，《经济问题探索》2008年第1期，第1–6页。

⑥ 曹丽、刘治福：《加强中国与东盟旅游产业合作对策研究——基于当前国际背景下旅游合作在区域经济一体化中的重要性视角》，《东南亚纵横》2012年第10期，第63–66页。

⑦ 赵娴：《大湄公河次区域旅游合作的机制建设》，《开放导报》2013年第1期，第88–90页。

⑧ 高群：《东亚区域旅游、环境合作与经济可持续发展》，《东北亚论坛》2001年第2期，第38–42页。

⑨ 温艳玲：《中、韩、朝旅游合作现状及其对图们江区域经济发展的作用》，《旅游学刊》2002年第5期，第29–34页。

⑩ 马波：《旅游业的转型与区域旅游合作——兼论中、日、韩旅游合作的推进》，《旅游学刊》2007年第5期，第24–28页。

⑪ 宋魁：《东北亚区域旅游合作的新态势与新构想》，《东北亚论坛》2011年第1期，第27–33页。

⑫ 徐功丽：《东北亚区域旅游合作问题研究》，吉林财经大学硕士学位论文，2013年。

坛期间，中国与多国签署旅游合作协议和备忘录。（2）国家领导人频频出席国际旅游组织会议及国际旅游合作签字仪式。2016年5月19日，李克强总理出席首届世界旅游发展大会并发表主旨演讲《让旅游成为世界和平发展之舟》。（3）中国旅游年已成为大国特色外交顶层设计的重要主题。自2012年和2013年中俄互办旅游年开始，中印、中韩、中美等国先后举办了内容丰富、形式多样的旅游年活动。2017年1月17日，国家主席习近平同瑞士联邦主席洛伊特哈德在达沃斯共同启动中瑞旅游年。互办旅游促进国际旅游合作和人文交流，更强化了某种自觉的旅游外交意识。研究成果也陆续见诸旅游主流媒体和报刊（如夏雪，2016①；胡敏等，2016②；高梓菁，2016③；邹统钎等，2016④等），但系统、深入的理论研究成果仍然非常稀少，研究的广度和深度也亟待加强。

二、旅游外交的内涵、特征和外延

旅游业的外交含蕴虽然早已显现，但旅游外交研究却是一门年轻的学问。“旅游外交”一词最早出现在著名外交家杨公素先生的《回忆“文革”时期的旅游外交》（1994）一文中，但当时语境下的“旅游外交”仅是“外交附属”或“外交手段”。国内最早对旅游外交进行学术探讨的是武汉大学历史学院国际关系专业的博士研究生梅毅，他（2006）认为：“广义上的旅游外交应当包括一切旅游对外活动，既有战略层面上的意动，也有实践

---

① 夏雪：《论旅游经济对外交的影响力》，《当代经济》2016年第18期，第109–110页。

② 胡敏、曹兹纲、王杰：《以旅游外交助力中巴经济走廊的心理认同》，《新疆社会科学》2016年第6期，第79–82页。

③ 高梓菁：《“旅游外交”对中日关系的作用和影响》，上海外国语大学硕士学位论文，2016年。

④ 邹统钎、胡莹：《旅游外交与国家形象传播》，《对外传播》2016年第5期，第22–24页。

层面上的行动。”[①]2015年旅游外交被提出之后，旅游学界的相关研究工作也迅速展开。王兴斌（2015）认为：旅游外交既包括中外国家间旅游官方机构的交往，又包括中外游客、旅游企业、行业组织与机构之间的交往；既包括中外文化交流，又包括中外旅游经营、服务和投资等经济交流。[②]郑岩（2015）认为旅游外交具有一定的非正式性和很强的民间色彩，可以界定为基于国与国之间游客互动而产生的一种外交行为。[③]另外，也有许多学者认为旅游外交属于公共外交、文化外交或民间外交。

（一）旅游外交的内涵和特征

从目前引用率较广泛的定义来看，梅毅（2006）和王兴斌（2015）两位学者更侧重旅游外交内容的多样性，郑岩（2015）则关注到了旅游外交的参与主体。整体而言，多数学者都关注到了旅游外交的外向性特点，但并未揭示出旅游外交的本质属性，这很难使旅游外交的研究迈向科学的道路。要界定旅游外交的内涵，必须牢牢把握“旅游”和“外交”的双重特性，明确旅游的范畴和外交的界限，在“旅游”特征和“外交”特性之间寻找理论支撑点。作为一种特殊的外交形式，旅游外交是在一个国家政府的授权和指导下，某一具有合法身份和代表能力的旅游当局及其附属机构，为实现一国对外政策和谋求旅游发展，通过游客对旅游吸引物的鉴赏和旅游流，与其他国家的官方和非官方机构开展的经济、人文交流，最终实现国家形象的建构和国家间价值观的正向认同，保障国际合作的达成和国家利益的实现。具体来说，具有以下四个本质特征：

一是外交主体的合法性。外交活动是拥有独立主权国家的对外行为，未经主权者授权或委托的旅游对外活动都不是旅游外交。这一特征为旅游

---

① 梅毅：《旅游外交与中国和平发展》，武汉大学博士学位论文，2006年。

② 王兴斌：《让“旅游外交”成一大亮点》，《中国旅游报》，2015年5月25日，第004版。

③ 郑岩：《旅游外交：国家外交新领域新亮点》，《中国旅游报》，2015年7月23日，第008版。

外交限定了范围，旅游外交的主体是经国家授权的对地方旅游业发展提供公共服务的合法的旅游当局及其附属机构。在开展旅游外交活动时，必须具有合法身份和代表能力，所开展的旅游外交活动才能有效。

二是外交主体的互利共赢性。旅游外交要在致力于维护国家外交利益、实现国家的对外战略的同时，致力于寻求多样化的国际利益，提升旅游业的国际竞争力。全球化时代背景下中国旅游业要在互利共赢的原则下参与合作和全球竞争。旅游外交要实现经济社会效益、维护国家形象，也要共同应对两国发展问题并共享旅游发展经验，实现旅游业的可持续发展。

三是外交内容的非主权性。与国家传统外交相比，旅游外交所处理的事务强调非主权性，旅游外交活动一般只开展促进旅游投资、促销旅游产品、旅游文化交流、旅游交易会等非主权事务的旅游活动交往。在涉及主权事务上必须获得中央政府的授权许可，严格在主权国家政策范围内开展活动。

四是外交形式的多样性和灵活性。以旅游吸引物鉴赏，游客的人文交流为核心的旅游外交活动的形式多种多样，如旅游谈判、旅游条约缔结、国际旅游组织运行等，这些形式也与传统外交一样，需要在一定的制度框架内开展，须严格贯彻一系列国际法、国际制度和外交惯例，避免违反他国法律，尤其是干预他国的内政。当然，旅游外交在形式上更加灵活。

（二）旅游外交的外延

基于以上特征，旅游外交将与其他一系列概念区分开来。与旅游外交密切相关的概念包括传统外交、公共外交、民间外交和文化外交等，旅游外交在内涵上与它们有着相似的意义延伸，如表1所示。

表 1 旅游外交与相关概念对比分析

外交类型	外交主体	外交客体	外交媒介	外交理念
传统外交	国家政府机构和组织	对方国政府和政府间的国际组织	政治、经济和军事磋商和谈判	权力政治：经济和军事硬实力
公共外交	国家政府机构和组织	对方国的公众	政府对对方国公众的信息传播和观念流通	思想政治：观念沟通和价值观吸引
民间外交	非政府组织和个人	对方国非政府组织和个人	经济、文化领域的交流	民间交往：两国公众之间的信息沟通和价值观传递
文化外交	国家政府机构和组织	对方国政府和公众	文化交流活动	文化软实力：文化的合作、理解和互惠
旅游外交	国家政府旅游机构和组织	对方国政府与非政府旅游组织和机构、区域旅游组织和游客	旅游吸引物、游客客源	旅游软实力：旅游吸引物的鉴赏、旅游经济和人文交流

1. 旅游外交与传统外交

传统外交是指主权国家的官方外交模式，主要通过代表国家的行为主体进行处理国际关系事务的活动。旅游外交与政府外交的不同之处在于:（1）外交活动的主体不同。传统外交的主体是主权国家的官方政府机构；旅游外交的主体则更具多样性，是经由国家政府授权的合法和负责的机构。（2）两者外交的途径不同。传统外交主要体现为政府间的政治交涉、经济协商或军事谈判等；而旅游外交则更多借助游客对旅游吸引物的鉴赏和旅游流所形成的人文交流实现外交目的，即旅游外交更强调非主权事务。（3）外交理念不同。传统外交依托国家政治、经济和军事的硬实力，而旅游外交所倚重的则是国家的旅游吸引物、游客客源和人文交流。

2. 旅游外交与公共外交

赵可全（2007）认为公共外交是指："一个国家为了提高本国知名度、美誉度和认同度，由中央政府或者地方政府和其他社会部门，委托本国或者外国社会行为体通过传播、公关、媒体等手段与国外公众进行双向交流，开展针对全球公众的外交活动，以澄清信息、传播知识、塑造价值进而更好地服务于国家利益的实现。"①旅游外交与公共外交的区别在于：公共外交的客体是他国的公众，公共外交是重点针对他国公众的信息传播和观念流通，核心理念是观念的沟通和价值观的吸引。而旅游外交的客体是他国的官方和非政府旅游机构、区域旅游组织和游客，侧重依托丰富的旅游吸引物和游客客源，通过游客对旅游吸引物的鉴赏和旅游经济、文化的交流实现外交的目的。

3. 旅游外交与民间外交

民间外交是两国公众间开展的政治、经济和文化交流活动。从严格意义上来讲，民间外交不属于外交活动，因为它不具有官方性质。旅游外交从形式上来看，也具有多元主体的特点，许多非政府旅游组织和个人，如旅游企业、中外游客、行业组织与机构等只是旅游外交活动的参与者，旅游外交的行为主体依然是国家政府和官方旅游组织和机构。如果对外旅游交往活动与本国政府无关，或者不体现国家的意志，那么这些旅游活动就不是旅游外交而是民间外交。

4. 旅游外交与文化外交

旅游外交与文化外交有着密切的联系，两者之间有很多相似的内涵和意义重叠。可以说，文化是旅游外交的内核，旅游是文化外交的驱动力。

① 赵可全：《公共外交的理论与实践》，上海辞书出版社2007年版，第15–16页。

所谓文化外交，是一国政府所开展的对外文化交流关系的总和，它既包含政府间的文化交流，也包括一国政府对他国公众的文化传播和交流。[①]从内容上来看，一国政府借助旅游年等活动针对他国游客开展的文化交流活动属于旅游外交的一部分。但文化外交中政府间的文化交流不属于旅游外交。旅游外交除了包含文化交流以外，旅游经济交流也是其重要组成部分。从外交方式来看，文化外交和文化交流实现和促进国家形象的传播和价值观的理解和认同。而旅游外交主要借助旅游流，通过游客的旅游体验带动经济和文化的交流。

三、旅游外交研究展望

旅游外交是我国旅游发展过程中，特别是新时代实施共建“一带一路”倡议，构建人类命运共同体的时代背景下，顺应“服务国家整体外交”的战略需要而产生的新的旅游研究方向。旅游外交的研究才刚刚起步，尚不具备全面、系统地概括它的主题和研究领域的条件。但尝试在分析前期研究成果的基础上，梳理出它的大体研究走向，并依托建构主义国际关系理论的路径，分别从专业性、政策性、公共性和批判性四个维度建构旅游外交的初步研究框架，是学术研究和服务于国家战略的开拓性尝试。

（一）理论路径

国际关系是一个错综复杂的研究议题。传统研究理论（如现实主义和自由主义国际关系理论等）将研究视角局限于国家间关系，甚至过度强调“国家中心”和“权力政治”，这是非常狭隘的。以文化、观念和身份认同为研究主旨的建构主义国际关系理论为旅游外交提供了重要的理论支撑。

---

① 陈超:《呼和浩特市公共外交发展存在的问题及对策研究》。内蒙古师范大学硕士论文，2012年。

20世纪90年代中后期，建构主义国际关系理论开始得到广泛关注。建构主义有两条基本原则：“（1）人类关系的结构主要是由共享观念（shared ideas）而不是物质力量决定的；（2）有目的行为体身份和利益是由这些共享观念建构而成的，而不是天然固有的。”①可见，建构主义的外交理念强调人文观念的交流，强调与他国公众的有效沟通，进而实现国家价值观的正向认同。因此，从某种意义上来说，建构主义国家关系理论为旅游外交的发展提供了坚实的理论支撑。具体表现在：（1）从旅游外交的目的来看，旅游外交主要通过旅游吸引物的鉴赏和旅游流所促进的人文交流，实现游客的沟通和交流，以实现改善外国公众对本国的政治态度，提升本国形象。（2）从旅游外交的路径来看，旅游外交的逻辑是：通过旅游活动的开展，影响对方国公众的观念与态度，促进对方国外交政策的制定。

（二）研究维度

1. 专业维度：旅游外交研究存在的必要条件

旅游外交的研究需要专业的理论基础、研究目标、研究方法和概念框架。由于旅游业外向性的特点，旅游外交的研究主题也具有多样交叉的特点，每一个研究议题又会因为学者的背景不同产生不同的理论假设、范式、概念构成以及发展的理论。总体而言，旅游外交研究议题大体可以分为以下4个方面：（1）旅游外交的理论路径。国家社会的特征决定了权力是国际政治永恒的主体，权力的争夺仍旧是国际关系的常态。全球化时代权力的内涵和形式都发生了变化，新的权力存在于文化的吸引力中，体现为不同的文化与价值观的冲突和融合。②旅游外交的研究可以从现实主义国际关系理论、自由主义国际关系理论、建构主义国际关系理论中寻找基

① [美]亚历山大·温特：《国际政治的社会理论》，秦亚青译，上海人民出版社2014年版，第1页。

② 李德芳：《全球化时代的公共外交》，中国社会科学出版社2014年版，第77页。

点，建立一个以“硬权力到软权力”为中心的新的分析框架。尤其在全球命运共同体的时代背景下，国别旅游外交研究有助于解决理论研究的难题同时又创造出新的难题，将研究引向新的方向。（2）旅游外交运作机制与运行模式。旅游外交的核心是通过游客对旅游吸引物的鉴赏及其引起的经济、文化交流实现外交意义的延伸。因此，旅游外交运作机制与运行模式应以此为核心展开讨论。进入21世纪以来，中国在出入境旅游快速发展的背景下逐渐形成了以客源外交、区域国际旅游合作、次区域国际旅游合作、旅游年为主要内容的符合中国旅游业发展实际情况的旅游外交模式。新时代，旅游外交将会面临更加多变的国际环境，“一带一路”沿线国家旅游外交更是潜力与矛盾并存，这亟须旅游外交运作机制与运作模式的创新，如旅游外交的危机反应、旅游战略沟通项目以及旅游媒体外交等都会进一步拓展旅游外交的广度和深度。（3）旅游外交与传统外交关系的再思考。旅游外交是传统外交的有效补充，属于“硬权力”和“软权力”的关系。中国旅游外交从最初的外交工作附属，历经民间外交、文化外交的角色定位，再到转变为国家外交战略的顶层设计。旅游外交与传统外交顺应国际形势和中国发展战略，不断适应和调整。这将是旅游外交研究中持久不变的话题。新时代，旅游外交与传统外交的关系的再思考具有重要的理论和现实意义。（4）全球化命运共同体下的旅游外交。全球化命运共同体下的旅游外交。全球化促进了外交的民主化、公开化，旅游外交呈现出新契机、新议程和新机遇。“一带一路”沿线国家旅游资源丰富，但旅游业发展不平衡不充分。在全球化背景下探讨旅游外交的研究具有重要的理论和现实意义。旅游外交将会助力“一带一路”沿线国家旅游业的发展以及全球命运共同体的建设。

2. 政策维度：旅游外交研究的题中应有之义

旅游外交研究需要为政府提供咨询服务，它的目标或由国家政府机构来定义，也有可能来自非政府旅游组织和机构。旅游外交研究的政策维度就是提供国家在开展旅游外交活动时所面临问题的解决方案。此类研究议题大致有以下几种：（1）区域与国别旅游外交研究。在全球命运共同体的时代背景下，区域与国别旅游外交研究有助于解决理论研究的难题同时又发现新的难题，并将研究引向新的方向。该议题研究应建立在全面认识对方国外交战略布局的基础上，基于其外交环境的特点、外交战略格局的演变、旅游业发展现状及存在问题展开讨论，目标是寻找实施对方国旅游外交的战略意义、战略定位与政策理念以及实施旅游外交的有效途径。（2）中国旅游企业"走出去"的路径选择。我国的休闲与旅游业遇到了前所未有的发展机遇和挑战。"一带一路"倡议为我国出境游游客提供了新的旅游选择，同时也为推进"一带一路"旅游品牌共建提供了可能，这将成为未来中国旅游企业"走出去"的内在驱动力。"一带一路"沿线国家拥有独特的自然和人文旅游资源，但目前多数国家不属于世界热点旅游目的地，还有部分国家存在经济发展迟缓、非传统安全威胁等问题。因此，中国旅游企业"走出去"势必需要定向研究课题，如所关注国家的社会文化心理、旅游资源的禀赋及潜力、旅游开发的机遇与挑战等，这也将为旅游外交研究提供更为开阔的研究议题。（3）国际旅游组织和机构的培育与建设。国际旅游组织是区域旅游合作与发展的重要支撑。近年来，国际旅游组织的角色定位已不仅局限于区域国际旅游合作，更主动地服务和融入国家对外战略活动中。如南太平洋旅游组织（South Pacific Tourism Organization，SPTO）原来是南太平洋各国间旅游合作的国际组织，后来打破常规将中国纳入其会员国，并频频在中国举办旅游市场的推介活动。2015年，斐济苏瓦——南太平洋旅游组织中国路演在广州和成都举办，南太平洋旅游组织近年来还在中国国际旅游交易会（CITM）频频亮相。近年来，我国不仅参加了世界旅游组织（UNWTO）、亚太旅游协会

（PATA）、世界旅游理事会（WTTC）等多个国际旅游组织，还成立了世界旅游联盟等多个以中国为主导的旅游组织，为世界旅游外交的发展搭建平台。随着“一带一路”倡议的推进，国际旅游组织的培育与建设工作会越来越重要，这也将成为中国官方旅游机构的重要议程，也必将成为旅游学者研究的重要使命。（4）“旅游年”外交活动的可持续制度建设。2012年，中国同俄罗斯开启“旅游年”外交活动，发展至今，旅游年举办的频率越来越高，2015年和2016年共举办了5个旅游年，2017年已启动中瑞、中澳、中丹、中哈、中国—欧盟等旅游年活动。此外，旅游年举办的规格也越来越高，国家首脑频频出席旅游年活动，这标志着旅游年已纳入国家外交活动的整体统筹，是中国特色大国外交顶层设计的重要议题。旅游年活动的举办推动了中俄、中美等大国之间，以及中国—欧盟、中国—东盟、中国—中亚、中国—东北亚的周边地区之间，包括政府、产业、学界在内的合作机制的构建。“旅游年”外交活动持久生命力的保持，外交活动的广度和深度拓展等问题都是旅游学者的研究任务。

3. 公共维度：旅游外交研究需要与公众对话

旅游外交活动中，参与主体是一个多样、活跃的群体，既包括一个国家的政府旅游组织和机构，又涵括中外旅游企业、行业组织和游客。公共维度的旅游外交研究应当在旅游学者与参与群体中建立对话关系。旅游外交的公共维度研究议题丰富多样，主要围绕旅游外交的公众主体展开，是旅游外交研究的微观层面。如（1）旅游目的地社会及文化心理研究。民心相通是旅游外交工作的主旨内容，开展具有针对性和深入的旅游外交工作应以充分把握旅游目的地国家的社会及文化心理为前提条件。例如，中亚五国一直是我国的友好邻国，且拥有丰富的自然和人文旅游资源，但目前旅游客源市场还非常狭小，旅游业发展比较迟缓。例如，中亚五国在中国游客中的旅游形象描绘、中亚五国人民对中国的认识等问题都是旅游外交研究应重视的研究课题。（2）旅游外交的关键成功因素研究。旅游外交的研究工作需要及时对接政府旅游组织和机构、中外旅游企业等参与主体，及时把握影响旅游外交工作成功的关键因素，根据成功的关键因素确定旅游外交工作的需求并进行规划。（3）旅游外交的危机反应研究。塑造良好的国家形象是旅游外交的重要任务之一。国家形象需要很长时间塑造，但也可能因为危机事件而瞬间崩塌，如菲律宾前警察劫持香港游客事件。当然，如果妥善处理反倒会得到改善，如2003年“非典”疫情后期中国政府及时有效的危机反应挽救了中国在国际社会的旅游形象。在实施共建“一带一路”命运共同体的历程中，我国休闲与旅游业将面临更多样化的国际环境，构建有效的旅游危机反应机制应成为旅游外交研究工作的重要内容。（4）旅游新媒体外交运作机制。得益于即时性新媒体技术的普及，旅游传统媒体外交发生了变革性的发展，由原来单向性的信息传播转变为互动特征明显的旅游新媒体外交。旅游活动的行为主体能够以更灵活、便捷的方式参与外交活动，世界上发生的任何旅游新闻事件近乎“现场直播”。因此，旅游新媒体外交具有更多的敏感性，关注的重点也多为新闻热点事件。近几年屡屡在媒体曝光的我国游客境外不文明行为，在一定程度上影响到国家形象。旅游外交研究应重视新媒体技术在旅游外交中的重要作用，推动旅游媒体与旅游外交政策的良性互动，正向塑造国家形象，以应对旅游外交危机事件的挑战。

4. 批判维度：旅游外交研究需要反思性知识

旅游外交的研究同样需要被审视和反思，以判断理论的失常和矛盾，从而在新的基础上构建新理论，或鉴定旅游外交政策的规范性和合理性，提高其实施的可行性和精准性，还可以提高旅游外交公共信息传播的有效性。旅游外交批判维度的研究需要回答以下3个方面的问题：（1）旅游外交研究的对象。批判维度的旅游外交研究应具有反思性，需要使旅游外交研究认识到研究对象的局限性，并在此基础上拓展新的研究。（2）旅游外交研究的服务对象。旅游外交研究的政策性导向较为明确，它诞生的背景就决定了它不是一种封闭的研究，或者只是追求理论的研究。旅游外交的研究成果需要为旅游外交政策服务、需要引导旅游外交参与主体的行动。（3）旅游外交研究的目的。旅游外交的研究是应该只关心外交活动的目标，还是只关心旅游外交的策略或手段，或兼而有之，是旅游外交研究技术理性与价值理性的讨论。专业维度、政策维度和公共维度更多地关注旅游外交的技术理性，更多地为旅游外交政策的执行服务。而批评维度则更多地处于一种反思的立场中审视旅游外交的目标价值。

旅游外交研究的四个维度不仅代表旅游外交功能的不同维度，也代表看待旅游外交的不同视角。旅游外交的研究维度不同，侧重点也有很大差异，有时不同维度的研究还会以其他维度的对立面来定义自己的研究立场。例如，批判维度的研究经常企图在自己的范畴内部，反思和批判其他维度。因此，旅游外交研究应重视四种维度的复杂性，推进四个维度的共生与合作，以描绘出旅游外交研究更加细致的研究脉络，呈现出理论研究的发展张力。

中国对塔吉克斯坦旅游外交：动因、战略与路径

徐景芳[①]

摘要： 旅游外交在国家关系发展中具有互联互通的先发优势。在“一带一路”战略背景下，迎来新机遇。中亚地处国际地缘政治的核心地带，对中国周边外交战略具有重要意义。其中塔吉克斯坦作为中亚五国中经济最为贫穷、政局最不稳定、发展进程最为滞后的国家，外交环境具有地缘政治复杂、政治斗争尖锐、经济问题突出等特殊性，通过旅游外交与塔吉克斯坦建立良好的国家关系对于两国都意义重大。文章详细论述中国发展塔吉克斯坦旅游外交的战略意义、战略定位以及政策理念，提出跨境旅游、丝绸之路文化旅游、乡村旅游、医疗旅游和商贸旅游五种实施途径，同时针对两国旅游外交关系所面临的风险和挑战展开讨论，展望两国旅游外交在“一带一路”倡议下的发展前景，为中国与其他国家旅游外交关系提供借鉴。

关键词： 旅游外交；一带一路；大国特色外交；塔吉克斯坦

---

① 徐景芳，中央民族大学旅游管理专业硕士研究生，主要从事“一带一路”旅游外交研究。

Tourism Diplomacy between China and Tajikistan: Motivation, Strategy and Path

XU Jing-fang

Abstract: Tourism diplomacy has the first mover advantage of interconnection in the development of the state relations and usher in new opportunities for development under the initiative of "The Belt and Road". Central Asia is located in the heart of international geopolitics and is of great significance to China's diplomatic strategy among the five Central Asian countries, Tajikistan is the country with the poorest economy, the country with the most instability, the worst social order and the most backward development process. The diplomatic environment is characterized by geopolitical complications, sharp political struggles, prominent economic issues and rampant terrorism. Taking Tajikistan as an example, this paper conducts empirical research on the strategic significance, strategic positioning and policy concepts of China's tourism diplomacy. It specifically proposes five ways of implementing cross - border tourism, cultural tourism on the Silk Road, rural tourism, medical tourism and commerce and tourism. At the same time, the two countries discussed the risks and challenges they face in the diplomatic relations between the two countries and looked forward to the broad development prospects of the tourism diplomatic relations between the two countries under the "The Belt and Road," so as to provide a reference for China and other countries in developing their tourism diplomatic relations.

Key words: Tourism Diplomacy; the Belt and Road; Major-Country Diplomacy; Tajikistan

中亚地区不仅是世界地缘政治的中心地带，也是中国周边外交战略的重要着力点。[①]而塔吉克斯坦地处中亚腹地，关系着我国地缘政治的未来发展战略，其外交战略地位尤为重要。[②]丝绸之路被誉为“世界上最具活力和潜力的黄金旅游之路”，[③]而塔吉克斯坦素有“云中的丝路故国”美誉，拥有丰富的自然和人文旅游资源禀赋，旅游业发展潜力巨大。近年来，塔吉克斯坦凭借新丝路带来的新机遇大力推进实施旅游业发展规划，预计2020年游客量将达到100万人。中国作为第一大出境游客源国，每年输出游客量超过1亿人次，旅游消费数千亿美元，这对塔吉克斯坦旅游业而言具有极大的吸引力。随着中国“一带一路”倡议的稳步推进，中国发展同塔吉克斯坦的旅游外交关系对于新形势下深化两国经贸合作，应对区域政治问题，实现互利共赢具有重要的现实意义。

改革开放前，旅游接待一直是外交工作的一部分。[④]1981年，旅游局不再由外交部代管，旅游业开始复苏，其经济属性开始显现。进入21世纪以后，旅游业国际交流与合作稳步推进，国家领导人频繁出席国际旅游交流活动，旅游业的政治和外交意义得以呈现。[⑤][⑥]2015年全国旅游工作会议首次提出旅游外交概念，国家旅游局将“开拓旅游外交”列为中国旅游业“515”战略的重要内容。[⑦]2016年国务院发布的《“十三五”旅游业发展规划》中突出强调，要实施旅游外交战略，开展“一带一路”国际旅游合作，

---

① 郑安光:《简析“一带一路”背景下中国的中亚战略新常态》,《当代世界与社会主义》,2015年第4期，第26-31页。

② 刘志辉，韩丽纮:《塔吉克斯坦与我国一带一路建设的国际政治研究》,《科技经济导刊》，2016年第27期，第1-2页。

③ 徐万佳:《旅游外交走向前沿》，中国旅游报，2015-12-30，第1版。

④ 杨公素:《回忆“文革”时期的旅游外交》,《国际政治研究》，1994年第3期，第50-55页。

⑤ 赵启正:《开发国际旅游和公共外交的大机遇》,《联合时报》，2009-07-10，第5版。

⑥ 龚立仁:《旅游业对外交流打开新局面》,《中国旅游报》，2010-12-20，第1版。

⑦ 王兴斌:《让“旅游外交”成一大亮点》,《中国旅游报》，2015-05-25，第4版。

拓展与重点国家的旅游交流，创新完善旅游合作机制。

早期的旅游外交研究成果，主要集中于旅游外交的概念、性质、作用和影响方面。杨公素指出“文革”时期的旅游外交主要扮演着政治性、外事性的接待角色。①梅毅论述了旅游外交具有和平外交性，是我国旅游产业发展新取向。②近年来，学者们开始从不同的角度对旅游外交进行研究。陈邦瑜从政治角度对国际旅游与国际关系的相互关系进行辨析；③夏雪重点从经济学的角度论述旅游经济对外交的影响力④；胡敏等从心理学角度分析旅游外交对中巴经济走廊心理认同的影响⑤；邹统钎等从传播学的视角出发论述旅游外交对国家形象传播和塑造的作用。⑥

综上所述，旅游外交在促进国家间政治关系、经贸合作、人文交流和传播本国文化、展示文明成果、提升国家形象、增强国际影响力和文化认同感等方面作用显著。但总体而言，旅游外交的理论研究相对于现实的迫切需求具有一定的滞后，成果少且研究的深度和广度明显不足，尤其在具体实践指导方面有待加强。基于此，本文以塔吉克斯坦为例，就中国发展旅游外交的战略意义、政策理念以及具体实施途径展开研究，同时针对中塔两国旅游外交所面临的风险和挑战展开讨论。这将对中国发展“一带一路”沿线国家旅游外交关系具有重要的借鉴意义。

---

① 杨公素：《回忆“文革”时期的旅游外交》，《国际政治研究》，1994年第3期，第50–55页。

② 梅毅：《旅游外交：我国旅游产业发展新取向》，《南昌大学学报（人文社会科学版）》，2006年第5期，第45–50页。

③ 陈邦瑜：《国际旅游与国际关系的相互关系辨析》，《经济与社会发展》，2015年第5期，第7–10页。

④ 夏雪：《论旅游经济对外交的影响力》，《当代经济》，2016年第18期，第109–110页。

⑤ 胡敏，曹兹纲，王杰：《以旅游外交助力中巴经济走廊的心理认同》，《新疆社会科学》，2016年第6期，第79–82页。

⑥ 邹统钎，胡莹：《旅游外交与国家形象传播》，《对外传播》，2016年第5期，第22–24页。

一、塔吉克斯坦的外交环境特点

塔吉克斯坦是中亚五国中最为贫穷、政局最不稳定、社会秩序最差、发展进程最为滞后的国家，[①]其外交环境具有特殊性，奉行“门户开放”和大国平衡的多元外交政策。

（一）地缘政治复杂

塔吉克斯坦是俄罗斯抵御美国扩张势力进入中亚的重要地域，是俄美两国逐鹿中亚地区的政治军事筹码。[②]苏联解体后，面对俄罗斯强大的军事力量，选择与其建立联盟。然而“9·11”事件发生之后，塔吉克斯坦重新审视地缘政治形势的变化，开始转变为大国平衡的多元外交战略。在军事方面与美国和欧盟合作提高其军事力量，在能源方面继续加强与俄罗斯的合作，在安全合作方面与上海合作组织以及中国合作，积极争取外援，维护塔吉克斯坦独立、主权、安全和发展。塔吉克斯坦地缘政治环境还因国内宗教、政局等问题进一步加剧。塔吉克斯坦90%以上的居民都信仰伊斯兰教，独立后不久爆发了一场由宗教极端势力挑起的政权争夺战。而塔吉克斯坦内战，与其说是一场宗教势力与世俗社会之间的战争，不如说是伊斯兰教政党力图参政的一次尝试。[③]内战结束后，伊斯兰复兴党成为中亚唯一具有合法地位的宗教性政党，[④]在塔吉克斯坦政治事务中扮演着重要的角色，影响着国家未来的发展和走向。

---

① 赵常庆:《十年巨变：中亚和高加索卷》，中共党史出版社，2004，第84页。

② 刘志辉，韩丽纮:《塔吉克斯坦与我国一带一路建设的国际政治研究》,《科技经济导刊》，2016年第27期，第1–2页。

③ 陈小沁:《从塔吉克斯坦民族和解进程看伊斯兰教在国家政治生活中的作用》,《俄罗斯中亚东欧研究》，2004年第5期，第21–25页。

④ 曾向红，杨恕:《中亚各国国家民族的构建：以塔吉克斯坦为例》,《国际政治研究》，2006年第2期，第150–163页。

（二）经济问题突出

塔吉克斯坦经济规模相对较小，产业结构单一，国内物资匮乏，外债问题严重，是中亚五国中最贫穷的国家。目前较为突出的经济问题有：

（1）能源短缺。在进口方面，塔吉克斯坦境内油气资源缺乏，严重依赖进口。虽然塔吉克斯坦水资源丰富，但是开发利用率不高。此外，塔吉克斯坦粮食生产不能自给，每年都不得不从邻国大量进口粮食。在出口方面，主要以铝和棉花等原料性商品为主，产业链短，附加值低。

（2）债务严重，金融体系薄弱。塔吉克斯坦政府背负巨额贷款，但偿债能力非常有限，债务问题极为严重。据统计，塔吉克斯坦的外债举债规模已逼近国际货币基金组织规定的限额。[①]塔吉克斯坦金融体系薄弱，信贷成本较高，在世界银行《2016 年营商环境报告》“获得信贷容易度”中排名第 109 位，[②]吸引外资规模是独联体国家中最小的。

（3）产业结构布局不合理。塔吉克斯坦产业结构整体呈“剪刀式”的形态，[③]服务业所占比重最大，发展迅猛，是产业结构变动的主要推动力。农业发展平稳，工业发展严重滞后，实体经济发展动力不足。

（4）贫困问题依然严峻。据世界银行统计，塔吉克斯坦46.7%的人生活在贫困线以下。经济运营主要依靠侨汇，自立性差，经济安全性差；社会保障体系不完善；国内投资环境欠佳等都使减贫工作面临巨大的挑战。目前塔吉克斯坦面临的发展“瓶颈”是招商引资困难，这种情况促使其实行多元平衡的外交政策，通过广泛与其他国家开展经贸往来，吸引外资以

① 驻塔吉克经商参处：《塔吉克斯坦外债总额已接近“红线”》，http://tj.mofcom.gov.cn/article /jmxw/ 201611 /20161101869097.shtml，2016-11-22。

② World Bank Group.Doing Business 2016 Measuring Regulatory Quality and Efficiency. Http://Chinese.Doing business.Org/media/WBG/Doing Business/Documents/Annual Reports/English/DB16-Full-Report.pdf，2017-01-05。

③ 宋耀辉，马惠兰：《产业结构变动对经济增长贡献 —— 塔吉克斯坦共和国的实证分析》，《资源与产业》，2014年第2期，第104-109页。

促进其国民经济发展。

二、中国与塔吉克斯坦两国关系的发展

（一）中国与塔吉克斯坦关系发展的简要回顾

中国与塔吉克斯坦共和国建交以来，两国关系发展经历了起步阶段、快速发展阶段、共建“一带一路”三个阶段。

1992—2001年是两国正式建立外交关系、开展合作的起步阶段。1992年1月4日，中国与塔吉克斯坦共和国正式建立外交关系。1993年3月，塔吉克斯坦拉赫莫诺夫总统首次访华，就两国关系发表声明。此后，两国官方代表团多次互访，促进两国政治互信，互利合作。1996—2000年，“上海五国”元首五次会晤，两国领导人就边境地区军事力量、两国国界、经济援助以及双边合作等签署了一系列协定，为两国关系发展以及开展各领域合作奠定基础。2000年7月5日，“上海五国”杜尚别首脑会晤，两国领导人签定面向21世纪的睦邻友好合作关系联合声明，双方一致认为经贸合作是两国关系发展的重要组成部分。两国利用邻国的地缘优势以及经济互补的有利条件，在平等互利的基础上进一步开展双边经贸合作。[①]

2001年上海合作组织成立到2012年是两国全面开展合作、快速发展的时期。2001年6月15日，在“上海五国”会晤机制的基础上正式成立上海合作组织。两国在上海合作组织的框架内积极开展合作，进一步发展平等的互利合作关系，开放边境口岸不断扩大经贸合作规模，强化打击非法贩毒以及“三股势力”的合作等。上海合作组织已经成为两国不断加强政治、经济、军事安全、人文等多领域合作的重要平台。2007年1月15日，

① 赵青松：《中国与塔吉克斯坦经贸合作的历史、现状及前景》，《俄罗斯中亚东欧市场》，2013年第5期，第57-66页。

两国签定睦邻友好合作条约，双方在平等互利的基础上，继续深化政治、经济、科技等领域的合作并且积极鼓励文化、教育、旅游等领域的交流与合作，进一步推动两国友好城市、民间团体的友好往来。①2011年7月20日，两国在中国第75号界桩处举行了新划定国界交接仪式，塔吉克斯坦将其实际控制下的1158平方公里土地划归中国，彻底解决了历史遗留的国界问题②。这对于两国边境地区的和平稳定以及两国睦邻友好关系的进一步发展具有重要的历史意义。

2013年“一带一路”倡议提出至今，以共建“一带一路”为标志，两国关系进入共建利益共同体、谋求共同发展的新时代。2013年5月，中国与塔吉克斯坦共和国建立战略合作伙伴关系，全方位推进两国务实合作。同年9月和10月，“一带一路”倡议的提出，得到塔吉克斯坦的积极响应。共建丝绸之路经济带与塔吉克斯坦“实现能源自主、确保粮食安全、告别交通闭塞”的战略目标完全契合，2014年两国签定共建“丝绸之路经济带”合作备忘录，共享发展成果，实现互利共赢。③2017年，中国与塔吉克斯坦建交25年来，两国高层交往、政治互信、互利合作都达到新的高度，各领域合作成果丰硕。面对当前两国关系发展的现实需要，9月1日双方决定建立全面战略合作伙伴关系，两国关系发展迈入新时代。④

① 中国网:《中华人民共和国和塔吉克斯坦共和国关于进一步发展睦邻友好合作关系的联合声明》，http://www.china.com.cn/guoqing/zwxx/2011-11/03/content_23812649.htm，2011-11-03。

② 中华人民共和国外交部:《中国同塔吉克斯坦的关系》，http://www.fmprc.gov.cn/web/gjhdq_676201/gj_676203/yz_676205/1206_676908/sbgx_676912/t7104.shtml，2018年3月。

③ 新华网:《专访塔吉克斯坦外长阿斯洛夫：丝绸之路经济带与塔发展战略完全契合》http://www.sohu.com/a/24482279_115402，2015-07-27。

④ 中华人民共和国外交部:《中华人民共和国和塔吉克斯坦共和国关于建立全面战略伙伴关系的联合声明（全文）》，http://www.fmprc.gov.cn/web/ziliao_674904/1179_674909/t1488975.shtml，2017-09-01。

（二）中国与塔吉克斯坦地区多种形式的合作关系

中国与塔吉克斯坦建交以来，不断深化在政治、经济、安全和人文等多个领域的合作，建立了全面的战略合作伙伴关系。

中国是较早承认塔吉克斯坦共和国独立的国家，政治上两国建立了稳定的睦邻友好合作关系。塔吉克斯坦独立之初，拉赫蒙总统三次访问中国，共签署了20多个协议、条约、文件等，为两国关系的进一步发展奠定基础。两国在1999年、2000年和2002年、2010年多次签署中塔国界协定，两国划定新边界标志着两国彻底解决历史遗留问题。近年来，两国领导人密切联系，不断推进两国睦邻友好合作关系。“金砖会晤”中两国领导人一致决定将两国关系提升为全面战略合作伙伴关系，共同打造利益共同体。

其间两国关系稳步发展，经贸合作频繁。建交初期两国贸易合作少，贸易规模较小。上海合作组织成立以来，两国在上海合作组织制度的框架内积极开展经贸合作，贸易额有所增加，但总体规模仍然偏小。两国睦邻友好关系的发展，双边经贸合作机制的不断完善，边境口岸的正式开通，大大增加了双边贸易额。2013年两国建立战略伙伴关系，不断深化各领域的务实合作，双边贸易额呈现高速增长趋势，进出口产品结构不断优化，投资与技术合作项目逐渐增加。[①]中国已经成为塔吉克斯坦三大贸易伙伴国之一，也是其最大的投资来源国。[②]

塔吉克斯坦是中国的邻国，由于长期受到“三股势力”的严重威胁，反恐合作成为两国合作的重要领域。自1993年以来，两国就展开反恐军事合作，举行“协作-2006”“和平使命-2007”“天山-2 号（2011）”等10

① 赵青松：《中国与塔吉克斯坦经贸合作的历史、现状及前景》，《俄罗斯中亚东欧市场》，2013年第5期，第57-66页。

② 高潮：《“丝路经济带”建设中塔吉克斯坦的投资机遇》，《中国对外贸易》，2015年第12期，第80-81页。

余次联合反恐演习。[①]两国在上海合作组织框架内建立了反恐怖机构，共同签署了《中华人民共和国和塔吉克斯坦共和国关于打击恐怖主义、分裂主义和极端主义的合作协定》和《打击恐怖主义、分裂主义和极端主义上海公约》等。并在联合宣言中表示要全面加强两国执法安全和防务部门的对口交流，不断完善两国边防合作机制，共同打击包括"东突"势力在内的"三股势力"、贩毒和跨国有组织犯罪。

古老的丝绸之路开启了两国人民友好交往的大门，文化交流与合作在两国关系中扮演着特殊的角色。建交以来，两国官方代表团的互访以及民间文化与艺术团体之间的交流与合作一直保持着良好的发展态势。[②]1993年两国就签署《塔吉克斯坦共和国与中华人民共和国文化合作协议》，后两国外交部又签署2005—2009年两国文化交流计划。为促进两国文化交流与理解，塔吉克斯坦已设立了2所孔子学院。中国与塔吉克斯坦睦邻友好合作联合声明中表示，双方将进一步扩大教育、文化、科技、新闻、旅游、体育等领域的交流与合作，支持两国高等院校、科研机构、青年和民间友好组织之间的交流与合作。[③]

三、塔吉克斯坦旅游业发展现状

（一）塔吉克斯坦旅游资源的特点

1. 自然旅游资源。塔吉克斯坦地处中亚东南部的内陆山区，国土面

---

① 美国中央情报局网站（Central Intelligence Agency），http:///www.cia.gov/ library/publications/the-world-factbook/geos/ks.Html，2017-10-28。

② 阿利莫夫，农梅：《塔吉克斯坦与中国的文化合作——起因、现状和前景》，《俄罗斯中亚东欧研究》，2008年第4期，第91-94页。

③ 中国网：《中塔进一步发展睦邻友好合作关系联合声明（全文）》，http://www.china.com.cn/news/txt/2008-08/28/content_16346160.htm，2008-08-28。

积14.31万平方公里，其中约有一半地区的海拔高度在3000米以上，山地和高原约占国土总面积的93%，被称为“高山之国”。境内海拔高度超过6000米的山峰共有9座，其中海拔7495米的“索莫尼峰”是独联体国家的最高峰。水资源极其丰富，占中亚水资源的60%以上。[①]境内共有冰川8492处，其中长71公里的费琴科冰川是世界上最大的陆地冰川。塔吉克斯坦是中亚地区河流的主要发源地，境内有近千条河流，主要河流有锡尔河、阿姆河、泽拉夫尚河、瓦赫什河等，其中全长1415公里的阿姆河以及瓦赫什河是由高山冰雪融化而成。山脉与盆地交错分布，宏伟壮观。北部有天山山脉、费尔干纳盆地，中部有吉萨尔–阿尔泰山系，东南部是享有“世界屋脊”美誉的帕米尔高原，西南部有瓦赫什谷地、吉萨尔谷地和喷赤谷地等。塔吉克斯坦山谷一天可领略四季风光，被称为“四季山”。著名的瓦尔佐布山谷不仅是避暑休闲的旅游胜地，还是拥有地热资源的疗养胜地。

2. 人文旅游资源。塔吉克斯坦位于“古丝绸之路”的交汇点，是丝绸之路上一颗璀璨的明珠。两千多年前“古丝绸之路”经过彭吉肯特、乌拉秋别、胡占德等城镇，三条主要的丝绸古道贯穿塔吉克斯坦全境，遗留下众多历史和文化古迹。保存完好的城堡、陵墓，富丽堂皇的庙宇、清真寺，风格独特的木雕、佛像等成为塔吉克斯坦重要的人文旅游资源。塔吉克斯坦是一个多民族的国家，其中塔吉克族是中亚最古老的民族，其优秀的传统文化在古波斯文化中占有重要的地位。塔吉克人勤劳、朴实、热情、好客，热爱诗歌、音乐、舞蹈。每当庆祝传统节日时，人们聚集在广场、公园听诗歌朗诵，看传统的体育节目表演。塔吉克人最喜爱的是叼羊比赛，获胜者可将夺到的公羊丢在观看比赛的姑娘面前，公开示爱。若姑

① 塔商：《塔吉克斯坦旅游资源及旅游市场》，《东欧中亚市场研究》，2002年第12期，第29–33页。

娘接受，则拜托身边的年长妇女代表自己将绣花手帕投到求爱者的马上，表示同意。①

（二）塔吉克斯坦旅游业发展的特点

近年来，塔吉克斯坦政府积极发展旅游业。2002年11月15日，塔吉克斯坦国家发展旅游项目研究工作组正式成立，标志着塔吉克斯坦正式启动旅游发展项目。②为进一步提高民营宾馆饭店以及旅游服务业员工的水平，2004年12月7—8日塔吉克斯坦在首都杜尚别举行开发塔吉克斯坦旅游业国际研讨会。③2007年11月29日，塔吉克斯坦正式成为联合国世界旅游组织的成员，积极拓展国际合作。2013年世界经济论坛旅游领域竞争力指数塔吉克斯坦在139个国家中排名第114，比2012年提高4名，但总体排名仍靠后。④总的来说，塔吉克斯坦旅游业发展仍处于初级阶段，在规模和数量上与中亚其他国家相比还有很大差距。旅游业发展存在资源单一、设施不完善、交通不便、服务水平低、投资不足等问题。

1.旅游产品以初级开发为主。塔吉克斯坦旅游产品以自然观光为主，代表性的旅游景点有索莫尼峰、阿姆河、瓦尔佐布山谷等。虽然“古丝绸之路”经过塔吉克斯坦的胡占德、彭吉肯特、吉萨尔等城镇，留下了众多历史遗迹，但不仅没有开发成具有吸引力的景点，反而由于政府缺乏保护意识、资金投入不足等原因，未能对其进行及时的维护和修缮，如今只剩下残垣断壁。例如丝绸之路的站点吉萨尔城堡如今变成牧羊的山丘。此

---

① 刘启芸:《列国志-塔吉克斯坦》，社会科学文献出版社，2006，第157页。

② 中华人民共和国驻塔吉克斯坦大使馆经济商务参赞处:《塔吉克斯坦正式启动旅游发展项目》，http://tj.mofcom.gov.cn/article/jmxw/200211/20021100054715.shtml，2002-11-28。

③ 中华人民共和国驻塔吉克斯坦大使馆经济商务参赞处:《塔吉克斯坦期盼开发本国旅游资源》，http: //tj.mofcom.gov.cn/article/jmxw/200412/20041200317197.shtml，2004-12-09。

④ 中华人民共和国驻塔吉克斯坦大使馆经济商务参赞处:《塔吉克斯坦旅游竞争力世界排 名 第114名 》，http://tj.mofcom.gov.cn/article/jmxw/201303/20130300051204.shtml，2013-03-12。

外，塔吉克斯坦人文景观类旅游产品开发档次也较低，与中亚其他国家雷同，缺乏独特吸引力。

2.旅游基础设施不完善。塔吉克斯坦经济发展水平低，旅游基础设施不完善，缺乏配套的宾馆和饭店以支撑旅游业的发展。塔吉克斯坦的宾馆等级较低，条件较差，甚至有些地区连基本的饮用水和洗澡热水都无法提供，也没有空调和暖气等现代化设施，极大地影响了游客的舒适度。虽然部分地区已开通旅游巴士，但数量严重不足，且车辆陈旧，易出现故障，无法保证游客安全。塔吉克斯坦拥有多处疗养院，以治疗多种疾病的泉水和泥浆而闻名，但由于基础接待设施不符合旅游要求而未得到充分利用。

3.交通运输不便。塔吉克斯坦交通设施亟待改善，现有的交通设施远不能保障物资、人员安全正常的流动，也无法满足旅游发展的要求。塔吉克斯坦公路大部分修建于苏联时期，年代已久且缺乏修缮和保护，损坏严重。铁路系统也存在严重的车辆老化问题。据统计约三分之一的车厢和机车已经过了报废期限却仍在使用。外国游客前往塔吉克斯坦主要依靠航空，但塔吉克斯坦仅有一家航空公司，国际航班非常有限，而且国际航班使用的空中客机90%以上已经超过服役期，安全性和舒适度都难以保障。[①]虽然航空公司已经计划更新，但由于缺乏资金而被迫推迟。

4.旅游服务水平低。塔吉克斯坦旅游从业组织专业化水平较低，严重滞后于旅游业发展。据统计，塔吉克斯坦目前已有30多家旅行社，[②]但大多数主要经营出境旅游服务，多是“走出去”，缺少“引进来”。此外，塔吉克斯坦旅游发展缺乏专业人才培训机构，旅游从业人员素质不高。为提高塔吉克斯坦旅游从业人员的服务水平，旅游管理部门以及旅游公司已经开

---

① 中华人民共和国驻塔吉克斯坦大使馆经济商务参赞处:《塔吉克斯坦交通现状和发展规划》，http: //tj.mofcom.gov.cn/article/ztdy/200307/20030700107914.shtml，2003-07-10。

② 中华人民共和国驻塔吉克斯坦大使馆经济商务参赞处:《塔旅游业发展困难重重》，http://tj.mofcom.gov.cn/article/ztdy/200502/20050200344106.shtml，2005-02-04。

始采用人员外派的方式对其进行培训，但是培训人员数量有限，难以从根本上解决问题。

5.旅游投资不足。目前塔吉克斯坦旅游业发展主要依靠个人投资，投资规模较小，严重制约了旅游资源的有效开发和利用。塔吉克斯坦急需引进外资发展旅游业，[①]但是由于现有的旅游业法律体系尚不健全，税收和相关投资政策无法吸引外国投资者。

目前，塔吉克斯坦的旅游业已经大大落后于中亚乃至独联体其他国家，上述问题如果得不到及时的解决将严重制约塔吉克斯坦旅游业的发展。

四、中国对塔吉克斯坦旅游外交战略构想

（一）中国对塔吉克斯坦旅游外交的战略意义

塔吉克斯坦是中国的近邻，从2000多年前古老的丝绸之路开始，两国人民就建立了深厚的友谊。中国始终坚持和平共处五项原则，签署《中塔睦邻友好合作条约》等上百个合作文件，为双边关系发展奠定了坚实的法律基础和制度保障。当今世界格局的变化，新型国际关系的形成，政治力量的重新布局使中国与塔吉克斯坦都清楚地认识到地区合作的重要性。2013年5月20日，中国与塔吉克斯坦建立了战略伙伴关系，同年9月和10月，习近平主席提出共建“丝绸之路经济带”和“21世纪海上丝绸之路”的战略构想。塔吉克斯坦是第一个支持“一带一路”倡议的中亚国家，也是签署《共同推进丝绸之路经济带建设的谅解备忘录》的首批国家之一。[②]

---

① 中华人民共和国驻塔吉克斯坦大使馆经济商务参赞处:《塔吉克斯坦急需引进外资发展本国经济》，http://tj.mofcom.gov.cn/article/ztdy/200304/20030400087147.shtml，2003-04-29。

② 王艺璇:《打造利益共同体，塔中合作求发展——专访塔吉克斯坦驻华大使帕尔维兹·达夫特拉佐达》,《中国经济报告》，2017年第5期，第19-21页。

丝绸之路国际旅游总量占全球 70%以上，被誉为“世界上最具活力和潜力的黄金旅游之路”。塔吉克斯坦是丝绸之路沿线重要的支点国家，丝绸之路旅游为其旅游发展创造重要机遇。塔吉克斯坦政府将国际旅游确定为“丝路经济带”建设中优先经济合作领域。[①]“一带一路，旅游先行”为两国旅游外交创造了新机遇。旅游外交可以发挥“互联互通、旅游先通”作用，[②]率先让塔吉克斯坦旅游发展起来，进而带动地区经济发展、创造就业机会和增加外汇收入，促进旅游交流与合作，进一步增进两国人民友谊，深化文化理解与互信，为两国交往打造更加坚实的民意基础。[③]

（二）中国对塔吉克斯坦旅游外交的战略定位与政策理念

1.战略定位。对于塔吉克斯坦共和国来说，发展与中国的睦邻友好、互利合作关系是其对外政策的优先方向。两国不存在根本上的利益冲突，在和平共处五项原则的基础上，双方协商解决了历史遗留的边界问题，为两国关系发展奠定了坚实的基础。中国在发展双边合作时始终坚持互利互惠的原则，与塔吉克斯坦共享发展成果，坚持走共同发展、共同繁荣的道路。积极发展塔吉克斯坦与中国多领域的双边合作，不仅符合两国利益，而且对加强本地区的和平与稳定具有重要意义。两国都肩负着加快自身发展、实现民族振兴的历史使命。面对当今错综复杂的地区和国际形势，两国需加强地区合作，打造命运共同体，坚定维护共同利益，携手应对共同挑战。随着“一带一路”倡议的提出，两国关系发展进入新时代。塔吉克斯坦是“一带一路”倡议在中亚的重要战略支点，两国具有更广阔的合作前景。两国发展旅游外交关系对于两国地区和平稳定、政治互信、贸易合作、民心相通具有重大意义。

---

① 高潮：《“丝路经济带”建设中塔吉克斯坦的投资机遇》，《中国对外贸易》，2015年第12期，第80–81页。

② 左登基：《建设一带一路 旅游先联先通》，《中国旅游报》，2017-03-10，第1版。

③ 吴俊：《以心相待 旅游外交》，《中国旅游报》，2015-05-25，第1版。

2.政策理念。中国与塔吉克斯坦睦邻友好关系向世界诠释了一个世界大国与一个小国，如何在25年间将国家关系从一张“白纸”提升到战略伙伴关系。国家间的差异不影响国家关系的正常发展。中国与塔吉克斯坦在政治制度、社会意识形态、民族风俗、经济发展等方面都不同，但是中国始终遵循相互尊重的原则，支持塔吉克斯坦的发展道路并且维护塔方人民的核心利益。两国在相互尊重主权和领土完整、互不侵犯、互不干涉内政、平等互利、和平共处原则的基础上，发展睦邻友好合作关系。双方达成重要共识，以和平方式解决分歧，坚决承诺任何一方都不参加任何损害另一方的破坏行动，在涉及根本利益的问题上将会相互支持。面对错综复杂的地区和国际形势，塔吉克斯坦与中国深化合作将双边关系提升到战略伙伴水平，强调发展两国双边关系是两国对外政策的优先方向。[①]建交25年来，国际和地区形势已经发生了深刻的变化，然而中国始终秉持亲诚惠容、开放包容、共商共建、互利共赢的理念，不断深化同塔吉克斯坦的睦邻友好和互利合作关系。在“一带一路”倡议下开拓两国旅游外交的新空间和新领域，共同打造丝绸之路旅游产品，营造国民相互欣赏、理解和尊重的友好氛围。

（三）中国对塔吉克斯坦旅游外交的实施途径

1.打造丝路“皇冠”记忆文化之旅。塔吉克斯坦是中亚五国中国土面积最小的国家，仅有14.31万平方公里，但却是最富有特色的国家。“塔吉克”在波斯语中是“皇冠”的意思，中国与中亚国家积极打造“丝路之旅”，令塔吉克斯坦这顶“皇冠”熠熠生辉。[②]2000多年前的“古丝绸之路”就开启了中国与塔吉克斯坦两国人民友好交往的历史。三条主要的丝绸古道贯穿塔吉克斯坦全境，经过彭吉肯特、乌拉秋别、胡占德等城镇。古老的

① 陈向阳:《开创中国周边外交“新常态”》,《时事报告》，2014年第10期，第26-27页。

② 傅全章:《丝路“皇冠”：塔吉克斯坦》,《时事报告》，2015年第8期，第54-55页。

丝绸之路留下了众多文化的交流与碰撞的痕迹，丝路之旅与一般的出境游有所不同，它是寻找丝路记忆的文化之旅。有着3000多年历史的吉萨尔城堡是中塔两国文化相通的标志。据苏联科学院和塔吉克斯坦学者考证，张骞曾经在这里搜集过大量中亚腹地大宛、大夏、粟特等地区的资料，为当时丝绸之路的繁盛留下了可供参考的依据。2015年10月，首届丝绸之路旅游研修交流班塔吉克斯坦专题班成功举办，来自塔吉克斯坦旅游协会、景区、航空公司、酒店以及各大旅行社的学员们学习了中国简史、新疆旅游发展概况、新疆医疗旅游发展现状等课程，并前往天山天池景区、吐鲁番等地考察。①学术交流和研究对于促进地区文化交流至关重要，学术交流的深入将为民间人文交流打下更扎实的基础。②两国应积极签署教育合作协议，制定学习研修合作交流公约，实现学分互认、学位互授联授，并推进签证便利化，鼓励有合作基础、相同研究课题和发展目标的学校缔结关系。支持高等学校建立丝绸之路研究中心，拓展学习交换项目，在文化考古领域对丝路文化历史展开联合学术研究，设立“丝绸之路”政府奖学金，资助来华学习或研修，联合培养行业领军人才和优秀技术人才。

2.开展丝路跨境边境旅游。中国是世界上最大的出境客源市场，中国周边国家跨境旅游空间格局将会从东北亚、东南亚向中亚转移，客源市场结构将有所变化。③目前，中国对中亚国家的跨境旅游线路以“四国打包游”为主，即新疆/北京到哈萨克斯坦、吉尔吉斯斯坦、塔吉克斯坦、乌孜别克斯坦。塔吉克斯坦跨境旅游产品正处于探索成长期，借助于良好的国际市场推广，有助于进入快速成长期，并使塔吉克斯坦成为中国出境游的重

① 凤凰网:《首届丝绸之路旅游研修班塔吉克斯坦专题班结业》，http://news.ifeng.com/a/20151012/44815938_0.shtml，2015-10-12。

② 中国经济网:《丝绸之路经济带掀起“人文交流热潮”》，http://intl.ce.cn/qqss/201608/16/t20160816_14935150.shtml，2016-8-16。

③ 姜太芹:《我国边境旅游研究综述》，《旅游研究》，2012年第3期，第79-84页。

要目的地。塔吉克斯坦对中国最大的特色就是全民友好，无论是在战乱时期还是在和平年代，所有政党都支持优先发展同中国的关系，媒体言论中也从未出现过对华人的不友好言论。目前，中国与塔吉克斯坦跨境旅游处于初级阶段，仍有进一步发展空间。这就需要两国政府根据国家实际状况协商制定相关政策。在出入境方面应简化跨境旅游的手续，适当放宽旅游城市的签证规定，逐步增加办理落地签的城市，推进免签政策等；在基础设施建设方面，完善两国交通网络建设，开通航空线路，增加航班次数，推进中塔公路建设，加强陆路联系，为游客提供便捷的交通服务；举办中国与塔吉克斯坦旅游年，增加两国旅游信息互动与交流；举办国际旅游研讨会议，解决旅游发展问题，有效开发旅游资源，提升旅游服务水平；丰富旅游产品类型，突出本国文化特色同时划分不同档次，为跨境游客提供多样化的选择空间；在上海合作组织框架内成立跨境旅游监管机构，有效管理两国的跨境旅游市场，及时处理旅游投诉，关注客源市场动态，拟定跨境旅游发展计划等。其中，边境旅游在跨境旅游中扮演着重要的角色，边境地区独特的人文和自然环境既能够满足游客求新求异的心理，又可以实现旅游者一脚跨越边境的出国旅游心理，应重点发展。

3.提升丝路新兴乡村旅游。随着城市化和工业化的进程的加快，人们面对巨大的精神压力，渴望摆脱单调、枯燥的城市生活回归自然，乡村旅游迅速兴起。在乡村旅游过程中，游客可以与大自然亲密接触，体验农家生活，品尝天然的农家食物，享受在田间漫步，呼吸新鲜空气的休闲时光。塔吉克斯坦是农业国家，农村地区占国土面积的75%以上，发展乡村旅游对塔吉克斯坦农村地区脱贫、经济发展、居民生活水平提高、就业率上升具有重要意义，同时乡村旅游的发展也可以促进偏远山区和高原地区互联互通，带动地区间农产品的生产和贸易往来。因此乡村旅游是塔吉克斯坦旅游发展最为重要的发展方向，也是中塔两国旅游外交最具潜力的合作领域。塔吉克斯坦发展乡村旅游需要在国家的强力支持下开发生态观光游、农家乐、村落乡镇旅游、休闲度假旅游、农业园区观光体验游等模式。在自然风景优美的农业田园景区安排生态观光游，在农家体验传统民俗，与居民同吃同住，保留传统的土木结构，建设特色旅游村镇等。此外，在发展两国乡村旅游时环境问题不容忽视。两国应该注重乡村生态旅游产品的开发，加大环保领域的合作。

4.发展“丝路”医疗旅游。塔吉克斯坦境内资源丰富，富含氡等元素的地下蒸汽和泉水具有治疗疾病、消除疲劳的神奇作用，但是由于地形复杂、交通等基础设施不完善、配套设施不符合国际化接待标准而未得到有效开发。例如非常著名的瓦尔佐布山谷，有世界闻名的地热资源，常年自地下涌出的地下蒸汽富含氡等元素，具有独特的疗养功效，每年夏天山谷河水流动，凉风徐徐，绿树环绕，从苏联时期开始就接待大量游客，但是房屋和设施大都是苏联时期建造早已陈旧破败，且由于地形复杂，可进入性差严重影响瓦尔佐布山谷打造国际型度假疗养胜地。开发度假疗养旅游资源的当务之急是摆脱交通运输的困境。“一带一路”倡议下，中国政府可以通过优惠贷款、无偿援助项目帮助塔吉克斯坦兴建新的公路、铁路线路，开通直航航空线路，满足国际游客的出行需要。塔吉克斯坦可积极支持和参与共建丝绸之路经济带，加快推动跨境运输交通设施建设，同时及时更新交通运输工具，保障游客的出行安全与便捷。其次完善旅游服务设施，保证水电能源的正常供应。此外，中国还可投资建材、建筑、设施设备等，与塔吉克斯坦共同兴建国际标准的旅游酒店、餐饮饭店、康体娱乐、购物等场所，完善现代化的设施设备，提高配套接待水平和标准。最后，中国与塔吉克斯坦开展医疗旅游合作。借助丝绸之路医疗旅游联盟主打医疗养生旅游品牌，将新疆主打的医疗旅游品牌与瓦尔佐布山谷的度假疗养旅游结合，积极开发包含保健、医疗、养生在内的医疗康体旅游线路产品，打造中塔两国“丝路”医疗旅游线路，开展多渠道、多形式的国际交流与合作，使塔吉克斯坦成为国民向往的医疗旅游目的地①。

5.开发丝绸之路“星期一”商贸之旅。“杜尚别”在塔吉克语中翻译成“星期一”，早在“丝绸之路”时期就是重要枢纽地，不仅是商业中心还是文化中心。每周一在杜尚别都会有大型的赶集、集市，丝绸之路沿途的商人都聚集到此经商，来自不同地区、说不同语言的人造就了该城市的独特吸引力。现在的杜尚别集市内容丰富多彩，吸引了许多游客前来游览②。杜尚别还建设有许多剧院、电影院、街道、花园、现代化的建筑等。中国与塔吉克斯坦发展旅游外交关系可以通过举办丝绸之路旅游产品展销会来进行，政府为两国商贸旅游发展搭建平台，以展促销，从而发挥旅游业增加外汇收入、扩大经济基础、增加就业的作用，促进旅游国际化、市场化的发展。对于塔吉克斯坦来说，优先考虑与中国进行互利合作，开通两国运输走廊，打破国家壁垒。在“丝绸之路经济带”建设中，新疆是我国唯一与塔吉克斯坦接壤的省区，位于“丝绸之路经济带”的核心区域，是两国开展旅游外交合作的优势地段。③中国应抓住新时代的机遇，建立以新疆为中心的两国商贸旅游往来，积极推进“引进来”和“走出去”协同发展，吸引外资积极发展商贸旅游，推动跨境贸易人民币结算等，完善双边贸易体系。此外实施免签证制度也可在一定程度上为促进商贸往来和发展旅游等方面创造更好的条件。中国与塔吉克斯坦互惠互利经济合作，发展商贸旅游的另一种方式是建立合资企业。据有关资料显示，目前在塔吉克斯坦

---

① 中国新闻网:《中亚国家旅游市场前景广阔 阻力与机遇并存》，http://roll.sohu.com/20160424/n445886301.shtml，2016-04-24。

② 中国网:《“每天都是星期一”塔吉克斯坦驻华大使推介旅游》，http：//www。china。com。cn/international/txt/2008-01/04/content_9479510。htm，2008-01-04。

③ 朱苏荣:《丝绸之路经济带建设背景下的中国与塔吉克斯坦金融合作》，《金融时报》，2015-03-02，第12版。

成立并正常运行的外资企业共有413家（其中83家是2002年成立的），已成为商贸旅游的重要发展领域。

五、中国发展塔吉克斯坦旅游外交的展望

（一）中国与塔吉克斯坦旅游外交关系的挑战

塔吉克斯坦安全环境复杂多变，不和平、不稳定成为中国与塔吉克斯坦旅游外交关系的重要挑战。由于长期受到恐怖主义威胁，塔吉克斯坦与阿富汗边境的毒品和武器走私猖獗，境内局部地区时有武装冲突发生。塔吉克斯坦政府应该加强对于恐怖主义的管控能力、治安和应急处理能力。两国在上海合作组织框架内不断深化打击“三股势力”、毒品走私等执法安全合作，维护地区安全与稳定。中国与塔吉克斯坦发展旅游外交关系还面临政治不稳定、基础设施落后、经济基础薄弱等挑战。①塔吉克斯坦虽然政局整体趋稳，但各派政治势力之间斗争依然尖锐。拉赫蒙总统已执政25年，面临着领导人接班和政治转型的问题，国家未来走向存在不确定性。塔吉克斯坦基础设施不完善，过境运输困难。虽然近几年在中国的援助下塔吉克斯坦政府已经加大了对基础设施的投入力度，但主要用于国内省际通道。在国际化通道建设上，还存在资金和技术支持上的较大缺口。

（二）中国与塔吉克斯坦旅游外交关系的发展前景

旅游外交具有和平性，是国家关系中共识最多、意识形态色彩最少、最易被人接受、见效最快的外交方式。“一带一路”倡议下应积极发挥旅游外交的先发优势，全面做好旅游外交工作。国家层面的官方旅游外交形式有互办国家主题旅游年、国家元首推广、举办国际旅游会议等。旅游外交

---

① 马昀：《“一带一路”：挑战、风险与应对》，《经济研究参考》，2015年第37期，第45–52页。

不仅是国家交往的重要手段，也是民众交流的重要方式。[①]塔吉克斯坦政府还需要为旅游业发展创造便利条件，例如：简化签证材料、实施电子签证、免签证费、缩短办签时间、开放落地签、延长多次往返签证等政策，积极推动两国人民之间的旅游交往；深化两国的跨境旅游合作，鼓励并支持中国旅游企业和集团到塔吉克斯坦投资建设；引导中国游客前往塔吉克斯坦旅游，不断扩大旅游交流规模。不断完善旅游法律法规，建立旅游营销平台，提高游客服务水平，构建两国全方位立体的旅游外交关系。

① 赵珊:《旅游外交：为国家形象加分》,《人民日报海外版》，2015-12-22，第6版。

中国发展哈萨克斯坦旅游外交的战略意义

靳晶[①]

摘要： 中国与哈萨克斯坦的旅游外交表现出愈发重要的意义。哈萨克斯坦具有地缘政治特殊、经济合作积极、能源外交有优势、文化复杂多元的外交环境特点。中哈建交后，两国关系日渐密切，各形式的合作关系不断加强。哈萨克斯坦旅游资源丰富，但开发利用程度较低，旅游基础设施较为落后。哈萨克斯坦是中国“一带一路”建设的重要桥头堡和战略支点，中国可以从旅游政策改善、促进中哈跨境旅游、发展互市贸易区、构建新丝绸之路文化旅游先行带等方面实施对哈萨克斯坦的旅游外交。中哈旅游外交，可以沟通两国文化，进一步实现和平愿景，平衡美国“亚太再平衡”战略和“新丝绸之路计划”，为双方带来更多经济收益，改善两国居民生活水平与生存环境。

关键词： 一带一路；哈萨克斯坦；旅游外交

---

① 靳晶，中央民族大学旅游管理专业硕士研究生，研究方向为旅游外交、国际旅游合作。

Strategic Significance and Conception of China's Tourism Diplomacy to Kazakhstan

JIN Jing

Abstract: 19th CPC National Congress has mentioned "the Belt and Road Initiatives" many times, in which tourism diplomacy between China and Kazakhstan has become increasingly important. Kazakhstan has diverse diplomacy environmental characteristics such as geo–political specialization, positive economic cooperation, energy diplomacy advantages, and complicated culture. Since the establishment of diplomatic relations between China and Kazakhstan, the relations between the two countries have become increasingly close and all forms of cooperative relations have been continuously strengthened. Kazakhstan is rich in tourism resources but has a low degree of tourism development and a backward tourism infrastructure. Kazakhstan is an important bridgehead and a strategic fulcrum for the construction of "the Belt and Road Initiatives" . China can implement its tourism policy by promoting cross–border tourism between China and Kazakhstan, developing an inter–city trade zone, and establishing a pioneering cultural tourism belt for the new Silk Road, etc. China–Kazakhstan tourism diplomacy can communicate the two cultures, further realize the vision of peace, and balance the United States' Asia–Pacific rebalancing strategy and the New Silk Road Initiative, bringing more economic benefits to both parties and improving the living standards and living environment of the two countries' residents. It is extraordinary significant.

Key words: The Belt and Road Initiatives; Kazakhstan; Tourism Diplomacy

哈萨克斯坦对我国外交发展的意义尤为重要。地理位置方面，哈萨克斯坦有效地缓冲了俄罗斯对中国的地缘压力。[①]资源能源方面，哈萨克斯坦油气、矿产资源、煤炭资源等非常丰富，可以弥补中国资源能源不足的现状。哈萨克斯坦还是世界主要粮食出口国之一，能更好地满足我国公民的粮食需求并保证粮食进口安全。此外，哈萨克斯坦自独立后便开始从计划经济模式向市场经济模式转变，这更有利于我国与哈萨克斯坦进一步的政治经济往来。[②]中哈两国，借助旅游外交，能产生多方面的效益：政治方面，国际旅游作为一种异文化交往行为，在主客之间架起了沟通之桥，这对消解国家间的误会和隔阂，促进国际关系的改善与和平愿景的实现具有极其重要的现实意义，可以对美国“亚太再平衡”战略和“新丝绸之路计划”进行平衡；经济方面，将扩大中哈合作规模，为双方带来更多的国际经贸合作机会与国际资金投入，拉动双方现代服务业全面发展；社会方面，可以促进中哈两国农牧民收入水平提高，改善中哈两国农牧民生存环境和生活条件，还可以保护生态环境，实现可持续发展。

《回忆“文革”时期的旅游外交》一文较早提出“旅游外交”一词，谈到外交部领导决定，“旅游工作是外交工作的一部分，是搞政治的”。[③]梅毅是较早重视旅游外交研究的学者之一，他的《旅游外交与中国和平发展》一文论证了旅游外交对中国和平发展具有特殊的作用和意义。他指出，我国旅游外交是在一系列重大旅游对外交往举动中最后形成的。[④]《旅

① 郭琼:《中国向西开放视角下的中哈关系》,《现代国际关系》，2014年第4期，第29-34页。

② 刚翠翠，任保平:《丝绸之路经济带背景的中亚五国发展模式》,《改革》，2015年第1期，第109-118页。

③ 杨公素:《回忆‘文革’时期的旅游外交》,《国际政治研究》，1994年第3期，第50-55页。

④ 梅毅:《旅游外交：我国旅游产业发展新取向》,《南昌大学学报（人文社会科学版）》，2006年第5期，第45-50页。

游外交：我国旅游产业发展新取向》指出，旅游业发展在许多领域，显示了走向“旅游外交”的新趋势。当时并未有太多学者关注旅游外交，直到2015年，陆续才有一些报刊重提旅游外交，而这方面的期刊论文依旧寥寥无几。《让“旅游外交”成一大亮点》一文表示，要树立“旅游外交”观念，形成与有中国特色的大国外交相称的旅游大国格局。①《旅游外交:国家外交新领域新亮点》提到，为顺应时代需要，国家旅游局于2015年全国旅游工作会议上正式提出“旅游外交”这一概念，并要求“旅游行业要在国家开放新格局中，主动作为、主动发声，服务国家整体外交、服务旅游产业发展、服务游客消费需求，努力开创旅游对外开放新局面”。②《旅游外交：为国家形象加分》指出，旅游外交正成为塑造和传播国家形象、增进国际认同的重要途径，也是践行合作共赢的外交理念、实施互利共赢的开放战略、构建全球伙伴关系网络的重要方面。《“一带一路”战略风口 旅游外交大有可为》一文表示，“一带一路”为旅游外交工作注入了更加丰富的内涵和崭新的活力。③《旅游外交上升为国家战略》中写到，国务院发布的《“十三五”旅游业发展规划》提出，要实施旅游外交战略，开展“一带一路”国际旅游合作，拓展与重点国家旅游交流，创新完善旅游合作机制，标志着旅游外交由部门推动上升为国家战略。④

本文以中哈旅游外交为切入点，较为系统地论述了中国发展哈萨克斯坦旅游外交的战略意义及构想。

---

① 王兴斌:《让“旅游外交”成一大亮点》,《中国旅游报》,2015年第5期，第25(004)页。

② 郑岩:《旅游外交：国家外交新领域新亮点》,《学习时报》，2015年第7期，第23(008)页。

③ 徐万佳:《“一带一路”战略风口 旅游外交大有可为》,《中国旅游报》,2016年第3期，第07(002)页。

④ 徐万佳:《旅游外交上升为国家战略》,《中国旅游报》,2017年第2期，第13(001)页。

一、哈萨克斯坦外交环境特点

（一）哈萨克斯坦对外战略目标

哈萨克斯坦独立后，总统纳扎尔巴耶夫提出，哈萨克斯坦独立后的对外战略目标是：在自己的对外活动中努力保证捍卫主权、独立与领土完整，为形成市场经济，巩固民主制度，保持和谐的民族关系，保证国家安全创造条件。[①]随着后来的不断发展，哈萨克斯坦的外交政策也更加完善，基本目标为：使国家融入国际社会，保证国家安全，促进经济发展，保护境外哈萨克斯坦公民的权利和利益，同一切志愿于发展互利关系的国家开展合作。[②]

（二）哈萨克斯坦外交资源特点

第一，新兴国家的身份。一方面，苏联解体以后，哈萨克斯坦建立独立国家的努力得到了国际社会的广泛同情和支持；另一方面，作为新独立国家，哈萨克斯坦同除俄罗斯以外的世界各国没有历史恩怨，同绝大多数国家没有利益冲突，它愿意而且可能同所有国家及国际组织发展外交关系。从20世纪90年代以来，哈萨克斯坦相继加入各类国际组织，积极有效地参与到国际事务中。当前，哈萨克斯坦的新兴国家的优势使更多的国家愿意同该国建立积极、有效、合作的外交关系。

第二，哈萨克斯坦幅员辽阔，资源丰富，地下矿藏和能源动力资源种类齐全、储量巨大。丰富的自然资源是哈萨克斯坦最重要的外交资源，能源是哈萨克斯坦发展经济的基础和推行对外政策的工具，已成为综合国力的源泉；丰富的石油资源已经成为当前哈萨克斯坦对外交往过程中一个重

① 于洪君：《从欧亚大陆的结合部走向世界——哈萨克斯坦的外交战略与策略》，《外交学院学报》，1995年第4期，第42–45页。

② K. 托卡耶夫：《哈萨克斯坦对外政策》，《外交学院学报》，2002年第3期，第9–11+56页。

要砝码；丰富的矿产资源成为哈萨克斯坦发展本国经济的重要支柱，在国际社会的交往过程中提升了本国的战略地位，是与其他的国家建立和发展外交关系的重要保障。

第三，特殊的地缘政治经济地位。哈萨克斯坦作为横跨在欧亚大陆上的主要国家，处于亚洲和欧洲两块大陆的接合点上，是中亚地区的最大的国家，还是中俄两国重要的战略缓冲。此外，它还是中亚地区最重要的两个国家之一，是本地区的屏障。随着各国经济的发展，对能源需求不断增长，无论是世界第一号强国美国、传统强国俄罗斯，还是亚洲新兴国家以及其他势力，都希望能够加大在哈萨克斯坦的影响。①

（三）哈萨克斯坦外交环境特点

1. 经济

经济合作是哈萨克斯坦外交政策中的一项重要内容。哈萨克斯坦获得了来自美国、中国、日本等多个国家的直接投资。同时，多边平衡外交也促进了哈萨克斯坦能源贸易的进一步发展。哈萨克斯坦自独立以来共吸引了2160亿美元投资。虽然对中国来说这不是一个很大的数字，但从中亚的规模来说，或从独联体的规模来说，这是一个庞大的数字。这得益于非常便捷和友好的投资环境。②

哈萨克斯坦独立后几年就表示，哈萨克斯坦亟待解决的问题首先是经济问题。之后，为了加快经济发展，更快融入世界经济体系，并形成富有成效的出口型经济模式，同时也为了吸引外国投资、解决就业等社会问题，哈萨克斯坦加快推动经济特区的建立和发展，改善相应的投资环境。同时，哈萨克斯坦还实施了一系列具体政策措施，如给予在哈萨克斯坦投

① 徐浩淼，马媛：《哈萨克斯坦的外交资源与外交战略》，《新疆社会科学》，2006年第2期，第50–54页。

② 孙超：《“丝绸之路经济带”的起点 —— 访哈萨克斯坦驻华大使沙赫拉特·努雷舍夫》，《中国发展观察》，2017年第6期，第18–22页。

资的跨国公司以特殊保护；设立专门小组审议外国投资者的各项投资申请等。①

在全球性金融危机的背景下，哈萨克斯坦以“全面务实经济”为核心，制定了对旧有的“思维和方法进行彻底颠覆”的经济战略方针。主要归结为三个核心词：改革、增长、发展。当前，哈萨克斯坦正处于经济结构调整、改善民生、深化区域合作时期。哈萨克斯坦如今经济重点为：第一，交通及物流基础设施建设领域。第二，能源开发领域。第三，绿色经济的发展方向。②近年，哈萨克斯坦公布了“光明之路”新经济政策；出台了一系列去美元化的措施；发挥国家基金机制的作用；发展石油深加工产业。③

2. 政治

在政治方面，哈萨克斯坦积极发展与各个国家和地区的关系，采取了外交平衡政策，同美国、俄罗斯、中国、日本、中亚国家等都保持了友好合作的关系。哈萨克斯坦同这些国家之间的领导人互访等政治活动进展顺利，为哈萨克斯坦的政治稳定提供了重要的保障。哈萨克斯坦还积极参与各种区域性和国际性合作组织，也为维持本国的政治稳定、提升政治影响力做出了积极的贡献。哈萨克斯坦同欧亚经济共同体、独联体、世界海关组织、上海合作组织以及关税同盟伙伴国（俄罗斯、白俄罗斯）成功开展了互利共赢的海关合作。④2015年12月，哈萨克斯坦还正式加入了世界贸

① 宋利芳：《“中哈丝路经济带”战略与“光明之路”新经济政策的对接》，《中国流通经济》，2016年第9期，第70–75页。

② 徐海燕：《一带一路视域下哈萨克斯坦经济发展战略及中哈合作》，《俄罗斯学刊》，2016年第2期，第38–46页。

③ 刘翔峰：《“一带一路”战略下的中哈经贸合作》，《国际贸易》，2015年第11期，第34–38页。

④ 凤凰网：http://news.ifeng.com/gundong/detail_2012_02/06/12323046_0.shtml，2012–02–06。

易组织。[①]

哈萨克斯坦第一副外长托卡那夫在哈萨克斯坦独立一年半后就表示，领导阶层越来越明确地意识到其对外政策的制定，必须以国内情况为依据，即对外政策必须为国内经济改革创造良好的外部条件。他特别指出了一些哈萨克斯坦要与之建立良好关系的国家。今后与俄罗斯的相互关系在相当长的时期内仍将是哈萨克斯坦对外政策的主要方面。经济、历史文化传统乃至“心灵感应”的共同性，都是联接哈俄关系的黏固剂。与俄罗斯巩固共同的经济、防御、人文信息空间是哈萨克斯坦对外关系发展的战略方向。与另一个强大邻国 —— 中华人民共和国的相互关系也具有重要意义。此外，美国、印度、巴基斯坦、土耳其、伊朗、德国、法国、西班牙等国家也是哈萨克斯坦外交重点。[②]

3. 社会

在社会方面，哈萨克斯坦与各个国家和组织的积极合作，对于走私贩毒、环境治理、民族问题这类跨越国界的社会问题的解决来说非常重要。而这类社会问题的解决，对于哈萨克斯坦的国内发展具有重要的意义。如，哈萨克斯坦非常重视社会安全问题，其参与创建和参加的地区性国际组织主要有上海合作组织、中亚合作组织、欧亚经济共同体、中亚三国跨国委员会、集体安全条约组织等。这些组织有的开放，有的封闭，有的甚至是准军事同盟性质的地区军事合作组织，如集体安全条约组织。[③]

---

① 中华人民共和国国家发展和改革委员会：http://www.ndrc.gov.cn/fzgggz/jjmy/dwjmhz/201508/t20150827_748785.html，2015-08-27。

② 托卡耶夫，何希泉：《哈萨克斯坦的欧亚国家地位及多方位外交》，《现代国际关系》，1993年第12期，第35-36+44+47页。

③ 中国社会科学网：http://www.cssn.cn/gj/gj_gjwtyj/gj_elsdozy/201311/t20131101_822552.shtml，2011-03-17。

（四）哈萨克斯坦外交战略走向

哈萨克斯坦近年来的外交战略走向主要表现出五个特点：

第一，将自身国家的利益作为外交战略的首要选择。哈萨克斯坦总统在多个场合表示，“最重要的就是保证独立的国家——哈萨克斯坦共和国的民族、国家利益。”①

第二，逐渐摆脱依赖型的外交战略。哈萨克斯坦曾是苏联的加盟共和国，各方面受苏联影响还是比较大的。哈萨克斯坦独立后，逐渐形成了自己的独立外交政策和战略，从某种意义上来看，哈萨克斯坦是一个新兴的外交独立的国家。

第三，外交战略朝着更加自信、与外交国互惠的方向发展。这是哈萨克斯坦独立后一直努力的方向，带着民族自信心，利用国家优势，与各国互惠发展。

第四，继续加强地区安全合作。纳扎尔巴耶夫认为，参与建立国际社会集体安全体系并承担义务，是哈萨克斯坦实现其战略目标的重要途径之一。

第五，继续保持全方位、平衡的和平外交战略为本国的改革和发展创造良好的国际环境，纳扎尔巴耶夫明确表示，哈萨克斯坦要“在国际公认的伙伴关系的基础上同所有国家发展联系”，②“哈的外交目标是全面发展同东西方的关系，加深双边和多边合作”。③

---

① 纳扎尔巴耶夫编著：《前进中的哈萨克斯坦》（中译本），第60页。

② 于洪君：《从欧亚大陆的结合部走向世界——哈萨克斯坦的外交战略和策略》，《外交学院学报》，1995年，第4期。

③ 舒景林：《论当前哈萨克斯坦的外交战略走向及策略》，《哈尔滨师范大学社会科学学报》，2013年第5期，第18–20页。

二、中国与哈萨克斯坦关系的发展

（一）中国与哈萨克斯坦关系发展回顾

中国与哈萨克斯坦1992年建立外交关系。中国于1991年12月27日正式宣布承认俄罗斯联邦政府和其他11个共和国独立。应当补充指出，纳扎尔巴耶夫曾为苏中关系的和解做出过很大贡献。1985年9月，他曾率领苏联议会代表团到北京进行高层谈判，这是自双方关系紧张以来第一个高层正式代表团。纳扎尔巴耶夫作为哈萨克斯坦领导人，不仅在俄罗斯及中亚邻近国家，而且在北京也是知名人物。1991年7月，纳扎尔巴耶夫在苏联解体前再次访问了中国。这时，他的身份已经是哈萨克斯坦总统了。这些都对中哈关系的持续发展产生了积极影响。

哈中建交以来关系的发展大致可以划分为三个阶段：1992—1995年的睦邻友好关系阶段、1996—2004年的协作伙伴关系阶段、2005年以来的战略伙伴关系阶段。中哈双边关系自哈萨克斯坦独立之后日趋密切，具体表现为：1993年双方签署《关于中哈友好关系基础的联合声明》，1998年中哈两国成功解决边界争端，2002年签署《中哈睦邻友好合作条约》，2005年《中哈关于建立和发展战略伙伴关系的联合声明》出台，哈萨克斯坦成为第一个和中国建立战略伙伴关系的中亚国家；2011年两国签署《中哈关于发展全面战略伙伴关系的联合声明》，从政治互信、安全互助、经济互利、人文互鉴等全方面对未来中哈关系的发展做出更加明确的战略定位；2014年哈萨克斯坦总统提出“光明之路”新经济政策，响应中国提出的建设“丝绸之路经济带”构想；2015年3月27日，中哈双方签署了加强产能与投资合作备忘录与涉及钢铁、炼油、水电等领域产能合作的33份文件，总金额达236亿美元；2015年，哈萨克斯坦总统访问中国时，两国还签署了《中华人民共和国和哈萨克斯坦共和国关于全面战略伙伴关系新阶段的联合宣言》。

两国元首每年至少会见一次，且每年都会互访。会见当中讨论双边合作及多边框架内的合作，包括联合国、亚信会议、上合组织等。中国是哈萨克斯坦第二大贸易伙伴，中哈两国贸易额占到中国和整个中亚地区贸易额的70%以上。哈萨克斯坦驻华大使沙赫拉特·努雷舍夫说："中国相关机构提供的数据是2015年哈中贸易额为140亿美元，2016年是130亿美元。最近三年我们两国之间的贸易额有所下降，两国政府也做了很多工作以提高双边贸易额。"

（二）中国与哈萨克斯坦多种形式的合作关系

中国秉持"和平共处五项原则"，并一直视哈萨克斯坦为重要邻邦，哈萨克斯坦也高度重视与中国的关系，这为双方经济发展奠定了基础。哈萨克斯坦总统纳扎尔巴耶夫曾表示"在国际社会中寻求战略伙伴十分重要，哈继续将俄罗斯列为哈发展的第一战略伙伴，中国第二位。"中哈合作有多种形式。

1. 中哈双边贸易

1992年建交后，中哈双方就签署《关于建立中哈政府间经贸和科技合作委员会的协定》《关于在哈萨克斯坦境内开设中国商店的协定》以及《关于中国向哈萨克斯坦提供设备和商品贷款的协定》，给中哈贸易的发展提供政策支持。后来双边贸易的范围逐渐扩大，中国方面利用新疆的区位优势，大力扶持新疆同哈萨克斯坦开展贸易。截至目前，中国已成为哈萨克斯坦第一大出口国和第二大进口来源地。中国与哈萨克斯坦的贸易额远远超过和中亚其他四国贸易额的总量。哈萨克斯坦的比较优势有：资源丰富，重工业发达。而中国的相对比较优势有：技术相对优势，劳动力比较优势。因此，哈萨克斯坦丰富的资源正好能满足中国对资源的大量需求，哈萨克斯坦发达的重工业与新疆发达的轻工业正好可以形成互补。最后，中国充足的劳动力也可以弥补哈萨克斯坦这方面的缺口。

2. 中哈石油合作

中国目前对哈直接投资的领域较为单一，行业分布不均衡，主要集中于能源资源和矿产资源的开发等，而对非能源行业，如制造业、服务业的直接投资力度则较弱。1997年中国和哈萨克斯坦的石油合作正式开启。这年6月，中国石油天然气集团公司购买了阿克纠宾斯克油气股份公司60.3%的股份；在2003年6月，中国与哈萨克斯坦又签订了购买阿克纠宾斯克油气股份公司25.12%股份的协议。至此，中国控制了阿克纠宾斯克油气股份公司85.42%的股份。获得管理权以后，中国石油天然气集团公司在哈已经投资近7亿美元，阿克纠宾斯克油田生产蒸蒸日上。

3. 中哈金融合作

目前，中国与中亚国家金融合作正处于初级阶段。哈萨克斯坦经济较为发达，在中国与中亚国家经贸合作中占的比重最多。哈萨克斯坦已成为中国在中亚国家中的第一贸易伙伴，2013年的进出口总额为285亿美元，占中国与中亚国家贸易总额的56.6%。2010年，中国新疆成为第一个面向中亚国家开通跨境人民币投资结算的试点区；2011年，中国人民银行与哈萨克斯坦中央银行签署了70亿元人民币的双边货币互换协议。

4. 中哈安全领域合作

中哈都赞成两国的和平发展应以相互都可接受且客观合理的方式来进行，并且此方式不威胁到别国的安全。两国均需要稳定和平的国际环境。两国外交的首要任务就是为经济的持续发展及市场改革的成功推行创造和平的国际环境。①

① 阿曼基利迪·塔热诺夫：《哈萨克斯坦与中国在地区安全领域中的合作》，《国际政治研究》，2005年第1期，第53–54页。

三、哈萨克斯坦旅游业发展现状及特点

（一）哈萨克斯坦旅游资源特点

哈萨克斯坦旅游资源丰富多彩独具特色。有许多类型和风格各异的自然保护区和国家公园，有100多个医学度假胜地，有9000多个考古和历史遗址。①哈萨克斯坦的旅游资源从资源属性来分，可以分为文化旅游资源和自然旅游资源。②

古代哈萨克斯坦地区是游牧文明、古中国文明、古波斯文明、古希腊文明、古印度文明等多种文明的交汇中心。古代统称新疆与哈萨克斯坦区域的文明为"古西域文明"。古丝绸之路在这一区域长达数千公里，沿线遗存大量文物古迹和民族文化旅游资源，哈萨克斯坦境内就保留了大量珍贵的古代文化遗产。哈萨克斯坦国家博物馆、阿拉木图博物馆等收藏了包括古人类、斯基泰人、乌孙人、月氏人、柔然人、匈奴人、粟特人、突厥人、蒙古人等民族文化遗产。另有1万多个历史遗迹。其中有四项世界文化遗产，包括霍贾•艾哈迈德•亚萨维陵墓、泰姆格里考古景观：岩刻、萨尔亚尔卡：哈萨克斯坦北部草原和湖区、丝绸之路起始地段：长安 — 天山走廊的路网。哈萨克斯坦有140多个民族，民族文化旅游资源也非常丰富。哈萨克族的传统服装、食品、珠宝、音乐、阿肯弹唱等文化也得到较好的保存。③④

---

① 王友文:《构建世界级哈萨克草原文化国际旅游圈的要素分析》,《西北民族大学学报（哲学社会科学版）》，2015年第4期，第163–169页。

② 李宁:《"丝绸之路"经济带背景下哈萨克斯坦旅游业发展及其与中国的合作》,《伊犁师范学院学报（社会科学汉文版）》，2017年第36（1）期，第9–51页。

③ 李宁:《"丝绸之路经济带"背景下哈萨克斯坦旅游业发展及其与中国的合作》,《伊犁师范学院学报（社会科学汉文版）》，2017年第36（1）期，第9–51页。

④ 王友文、李敏:《中哈两国丝绸之路旅游合作模式探析 —— 以新疆与哈萨克斯坦草原丝绸之路旅游合作为视角》,《西部学刊》，2015年第10期，第71–76页。

哈萨克斯坦原生态的草原文化旅游景观有很多，如哈萨克斯坦阿拉木图高山滑雪场、卡普恰盖高山湖、巴尔喀什湖、突厥斯坦古城、草原石人等。[①]哈萨克斯坦的草原生态保护良好，拥有发达的草原畜牧业，现代农牧业发达，自然气候条件较好。该国拥有约2120万公顷可耕地，始终保持世界粮食出口大国地位，棉花种植面积达600余万公顷，棉花出口占世界第二位，农民因粮食和棉花出口而比较富裕。哈萨克斯坦拥有分布合理的河湖水系网络，河流和湖泊数量很多。哈萨克斯坦与中国的国际河流有伊犁河和额尔齐斯河。[②]这些都是很好的旅游资源。

（二）哈萨克斯坦旅游业发展现状

1991年哈萨克斯坦独立后旅游业并没有成为国家战略发展计划中的重要部分。但由于独立初期经济十分困难，旅游业还提不到日程，目前哈萨克斯坦是中亚国家之间旅游业发达的国家之一，但与国际上旅游业发达的国家相比旅游业发展水平还属于初级阶段，丰富的旅游资源仍未得到充分的开发与利用。[③]哈萨克斯坦有巨大的旅游潜力。只要重视吸引国际游客，旅游业就可以成为哈萨克斯坦的新经济产业。但是哈萨克斯坦旅游业的基础设施比较落后，需要修筑连接旅游景区的公路和铁路，且旅游企业急需金融贷款支持。[④]

哈萨克斯坦目前旅游景区的建设总体水平低于新疆，但国家投资建设的景区条件较好。近年来，哈萨克斯坦政府为了加快经济发展，调整产业

---

① 王友文、李敏：《中哈两国丝绸之路旅游合作模式探析——以新疆与哈萨克斯坦草原丝绸之路旅游合作为视角》，《西部学刊》，2015年第10期，第71–76页。

② 王友文：《开展中哈国际旅游合作 推动新疆丝绸之路经济带核心区建设》，《新疆社科论坛》，2015年第6期，第33–37页。

③ BabakhanKymbat：《哈萨克斯坦旅游产业发展战略研究》，《中国市场》，2016年第12期，第176–177+181页。

④ 李宁：《“丝绸之路经济带”背景下哈萨克斯坦旅游业发展及其与中国的合作》，《伊犁师范学院学报（社会科学汉文版）》，2017年第36（1）期，第9–51页。

结构，制订了若干战略计划以推动无烟产业的发展。2015年旅游和旅行行业涉及的资本投入为29亿美元，占全部投资总额的5.1%；预计2020年将增加0.2%，达到46亿美元（占比5.3%）。[①]针对旅游业的现状与问题，哈萨克斯坦中央政府和地方政府制定了多个规划、方案等发展旅游业。[②]哈萨克斯坦著名旅游景区和名胜古迹主要集中在阿拉木图市。主要有：世界最大的高山冬季运动综合体——迪奥山、奇姆布拉克高山滑雪基地、科克托别电视塔、潘菲洛夫28勇士公园等。[③]哈萨克斯坦与国际旅游机构，外国国家和私人旅游公司积极合作，研究如何开发哈萨克斯坦旅游资源，制订新的旅游服务标准，完善旅游法律基础，加快旅游人才培养，使哈萨克斯坦旅游也在未来几年能有较快的发展。最终把哈萨克斯坦建设为“中亚地区最佳旅游国家”。[④]

哈萨克斯坦2013年旅游业生产总值为53320亿坚戈，占国内生产总值的1.6%；2014年旅游业生产总值91120亿坚戈，占哈萨克斯坦国内生产总值的4.7%。2013年旅游业提供13.7万个就业岗位，占全国就业总人口的1.6%；2014年旅游业有19.8万人就业，占全国就业总人口的2.2%。2013年，哈萨克斯坦出境游产值25730亿坚戈，占总出口额的1.8%，2013年哈萨克斯坦吸引旅游业投资37080亿坚戈，占吸引外资总额的5.2%。[⑤]

哈萨克斯坦驻华大使努雷舍夫表示，中哈之间有着良好的政治经济合

① BabakhanKymbat:《哈萨克斯坦旅游产业发展战略研究》,《中国市场》，2016年第12期，第176-177+181页。

② 李宁:《“丝绸之路经济带”背景下哈萨克斯坦旅游业发展及其与中国的合作》,《伊犁师范学院学报（社会科学汉文版）》，2017年第36（1）期，第9-51页。

③ 王友文:《开展中哈国际旅游合作 推动新疆丝绸之路经济带核心区建设》,《新疆社科论坛》，2015年第6期，第33-37页。

④ BabakhanKymbat:《哈萨克斯坦旅游产业发展战略研究》,《中国市场》，2016年第12期，第176-177+181页。

⑤ 李宁:《“丝绸之路经济带”背景下哈萨克斯坦旅游业发展及其与中国的合作》,《伊犁师范学院学报（社会科学汉文版）》，2017年第36（1）期，第9-51页。

作关系，为双方旅游合作奠定了良好的基础。中哈双方都十分重视旅游业发展，旅游合作潜力巨大。今年正值中哈旅游年，为吸引中国游客，哈萨克斯坦开辟了60余条旅游线路。目前，双方签证、交通、支付领域便利化措施正不断完善，未来将有更多游客来往于两国之间。①

四、中国对哈萨克斯坦旅游外交战略构想

（一）中国对哈萨克斯坦旅游外交的战略意义

政治方面，中哈两国山水相连，历史文化相通，交通便利，优势互补，使得中哈国际旅游合作具有可行性和必要性。通过人文交流合作，特别是通过国际旅游合作使两国民众之间的互信增强，这也是真正拓展双边关系，实现长期睦邻友好的根本支柱。实施共建丝绸之路经济带战略，也是对美国“亚太再平衡”战略和“新丝绸之路计划”的平衡；可以一定程度上消除西方敌对势力散布的“中国威胁论”在中亚国家民众中的不良影响，通过国际旅游民间和平外交的途径，达到“民相亲，心相通”的潜移默化的良好效果。②③④

经济方面，可以释放中哈经贸合作潜力。在中国“丝绸之路经济带”建设与哈萨克斯坦“光明之路”新经济政策对接合作背景下，中国与哈萨克斯坦急需扩大合作规模，推进双方合作的深度和广度。⑤由于旅游业是

① 搜狐网站：http：//www.sohu.com/a/147357536_114731，2017-06-09。

② 王英，原幗力：《建设中哈伊犁跨境旅游合作区的必要性与可行性研究》，《新疆农垦经济》，2016年第8期，第50-56页。

③ 王广元，王友文：《中哈国际旅游合作对推进丝绸之路经济带构建的政治考量》，《西部学刊》，2015年第3期，第63-67页。

④ 同上。

⑤ 王英，原幗力：《建设中哈伊犁跨境旅游合作区的必要性与可行性研究》，《新疆农垦经济》，2016年第8期，第50-56页。

现代服务业的“龙头”和活的灵魂，且国际旅游业具有很强的产业关联效应，中哈旅游外交将成为拉动双方现代服务业全面发展的火车头。①

社会方面，首先可以促进中哈两国农牧民收入水平提高。草原牧区的哈萨克居民可以依托旅游景区景点，开展旅游接待服务工作，以取得比畜牧业生产更加丰厚的收入。其次，可以改善中哈两国农牧民生存环境和生活条件。基于两国发展以哈萨克草原文化为特点的生态旅游业的需要，必然加强旅游景区周边的道路交通、水利饮水、学校、医院、电力、景区接待中心、旅游宾馆等基础设施的建设。最后，还要保护生态环境。目前全球许多国家热衷于发展低碳经济，而旅游产业正好是一种无烟产业，可以减轻中哈两国面临的生态环境压力。②

（二）中国对哈萨克斯坦旅游外交的战略定位与政策理念

2013年9月，中国国家主席习近平出访中亚，提出“丝绸之路经济带”的战略构想，该战略的提出，是为复兴古代丝绸之路，加强丝绸之路沿线国家与地区的经济联系，实现贸易便利化与互联互通，以振兴亚欧经济为目的的战略构想。③

“一带一路”战略对中国的政治和经济发展具有重大意义。哈萨克斯坦是中亚地区经济实力最强、国土面积最大、与中国经贸额最多的国家，与中国同为上海合作组织的倡导国与“核心国”，是中国“一带一路”建

① 王友文，李敏：《中哈两国丝绸之路旅游合作模式探析——以新疆与哈萨克斯坦草原丝绸之路旅游合作为视角》，《西部学刊》，2015年第10期，第71–76页。

② 王峻蓉：《中哈两国哈萨克草原文化国际旅游合作的重大意义探析》，《中共伊犁州委党校学报》，2015年第1期，第29–31页。

③ 庞昌伟：《能源合作：丝绸之路经济带战略的突破口》，《新疆师范大学学报（哲学社会科学版）》，2014年第35（2）期，第11–18页。

设的重要桥头堡。[①][②]同时，哈萨克斯坦成为战略支点（简言之就是大国在进行全球及地区战略部署中，有足够的地区影响并对大国的战略起到显著支撑作用的国家）的可行性最高：中哈之间有丝绸之路的共同历史记忆，地缘上与中国新疆接壤，政治关系密切，经济合作愈发深入，彼此有重大的共同利益。[③]

中哈两国建交后，两国便积极发展友好外交关系。后续签署了一系列声明、协定等，保障旅游合作的有序开展。在1992年2月双方签署《关于公民相互来往协定》、8月签署《中哈政府文化合作协定》；1993年10月双方签署《两国政府关于公民公务旅行的协定》。

1998年5月，两国开启了旅游合作的大门，中哈两国文化部签署的《中国文化部和哈萨克斯坦文化部1998—2000年文化合作计划》和《旅游合作协定》提出了"强化人文旅游合作""共建地区旅游示范区"的发展目标；2007年签订《中华人民共和国政府和哈萨克斯坦共和国政府非资源经济领域合作规划》框架，其中包括旅游合作，且于当年10月在中国举行"哈萨克斯坦文化节"；2012年4月，欧亚第一个跨境国际合作中心——中哈霍尔果斯国际边境合作中心正式封关运行，同年9月双方合作投资的首个旅游项目——中哈哈萨克传统文化旅游区也投入运营；2013年4月，就2017年在哈萨克斯坦举办"中国旅游年"达成共识；2014年签署中哈联合宣言及其他一系列合作协议，哈萨克斯坦表示将积极参与丝绸之路经济带范围内包括旅游在内的多个项目的合作。这些旅游相关协议的达成，为

① 刘翔峰：《"一带一路"战略下的中哈经贸合作》，《国际贸易》，2015年第11期，第34-38页。

② 卢泽羽：《"丝绸之路经济带"与中哈贸易协同发展研究》，《时代金融》，2015年第23期，第23+25页。

③ 赵雅婷：《"一带一路"背景下中国战略支点的选择——以中国同哈萨克斯坦的战略合作为例》，《新疆社会科学》，2015年第6期，第75-80+173-174页。

中哈伊犁跨境旅游合作区的建设提供了强有力的政策保障。①②③此外，中哈双方对于两国旅游外交都非常重视，还各自制定了相应的政策，顺应两国的旅游外交。④⑤⑥

（三）中国对哈萨克斯坦旅游外交的实施途径

1. 旅游政策改善

一，以发展哈萨克草原文化国际旅游合作为契机，规范中哈旅游免签制度。事实上，现代旅游业已朝经济、快捷、外向、多元方向发展，免签制度已经逐步成为风靡全球的一项"普惠"措施。发展中哈两国哈萨克草原文化国际旅游合作，有条件地逐步放开旅游签证，不仅能够为两国人民构建一条绿色通道，更能让两国的互动交往呈现在阳光下，最终消除隔阂提升文化的交流与认同。二，以发展哈萨克草原文化国际旅游合作为契机，规范中哈两国旅游产业政策法律制度。如完善旅游市场准入机制，完善精品线路规划制度，制定中哈共建两国边疆区文博旅游产业园区地方性条例。三，构建新疆伊犁州与哈萨克斯坦阿拉木图州地区性国际旅游合作示范区地方管理办法。鉴于中哈两国的贸易发展和中哈国际边境合作中心的桥梁纽带功能，建议推进中哈两国在国家层面签订《中国伊犁哈萨克自治州·哈萨克斯坦阿拉木图州旅游资源共同开发保护协定》，将伊犁州和阿拉木图州纳入中哈两国哈萨克草原文化国际旅游圈的大盘子中，作为中

---

① 王英、原帼力：《建设中哈伊犁跨境旅游合作区的必要性与可行性研究》，《新疆农垦经济》，2016年第8期，第50–56页。

② 中国新闻网：http：//www. chinanews. com/，2018–01–01。

③ 阚越、王友文：《中哈国际旅游合作制度安排分析》，《中共伊犁州委党校学报》，2015年第2期，第36–39页。

④ 王广元、王友文：《中哈国际旅游合作对推进丝绸之路经济带构建的政治考量》，《西部学刊》，2015年第3期，第63–67页。

⑤ 人民网网站：http：//www.people.com.cn/，2018–01–01。

⑥ 张立哲、王友文：《中哈两国草原文化国际旅游合作法律保障机制研究——以上海合作组织框架为研究基础》，《南昌师范学院学报》，2015年第2期，第24–28页。

哈两国哈萨克草原文化国际旅游圈的旅游特区，为中哈两国哈萨克草原文化国际旅游圈其他区域的合作开发经营提供样板。

2. 促进中哈跨境旅游

2015年11月，中俄蒙哈联合建设的阿尔泰山区域跨境旅游合作区获批，标志着我国西北边境地区跨境旅游合作区的建设已经开始启动。关于中哈跨境旅游，综合考虑新疆与哈萨克斯坦的旅游资源、前期合作基础、人文环境以及其他多方面因素，中哈跨境旅游合作区可采取“三步走”战略：第一步，以中哈霍尔果斯国际边境合作中心为雏形，在合作中心内大力发展商旅结合的商贸游，把合作区打造成集旅游、购物、观光、中哈风情演艺、住宿于一体的中哈风情园；第二步，在以合作中心为旅游集散中心的基础上，设计若干固定跨国精品旅游线路，通过双方旅行社完成跨境线路的接洽；第三步，将无障碍旅游的范围扩展至伊犁州（新疆）和阿拉木图州（哈萨克斯坦），实现州际的无障碍旅游。

可以签署中哈框架协议，探索合作区运作模式；建立磋商协调机制，加速合作区一体化建设；建立中哈跨境旅游合作区发展基金，并对基金的建立、运行和实施提出可行性思路；制定详细具体的合作区建设对策。

构建中哈跨境旅游合作区的合作机制主要有：一，签订中哈跨境旅游更加便利化的通关协定，如通过加强谈判，签署伊犁州和阿拉木图州的签证互免协议，或者允许双方公民以及来自中哈以外的外国游客，持临时通行证畅游中哈跨境旅游合作区等。二，构建中哈跨境旅游合作区组织协调机制，可协商成立中哈跨境旅游合作区建设发展委员会，协调跨境旅游的健康开展。三，设立中哈跨境旅游合作区建设发展基金。通过基金的规范管理和使用来带动合作区的建设及发展，该基金可向各银行或机构融资，最终为中哈跨境旅游合作区的建设提供资金资助、援助、贷款等实质性支持。四，形成中哈跨境旅游合作区安全保障机制。鉴于新疆与哈萨克斯坦特殊的情况，中哈跨境旅游合作区的建设与发展受到“三股势力”与暴恐事件的负面影响较大。因此，中哈中央政府、伊犁州与阿拉木图州地方政府应积极合作，加强安全防范工作，加强对跨境旅游合作区内重点目标的安全防范。五，搭建中哈跨境旅游合作区监控反馈机制，建立合作区监控反馈机制，即在中哈跨境旅游合作区内，跟踪对比跨境旅游合作区各项目的建设计划和践行情况，收集各项目实施过程与原计划的不同之处，并结合原计划进行对比分析，并制定相应对策。[①][②]

3. 发展互市贸易区

互市贸易区是两国边境地区边民在两国陆路边境20公里以内，经政府批准的开放点或指定集市上的商品交换活动的区域，交易不超过规定的金额或数量范围的可享受免税优惠。[③]

在丝绸之路经济带核心区建设中，加强口岸边民互市贸易是繁荣边境贸易的重要举措，丝绸之路经济带中哈国际合作示范区互市贸易区（以下简称“互市贸易区”）的建设基础是2009年12月2日由国务院批准成立的巴克图边民互市贸易市场，位于塔城国家级边境经济合作区内（面积为6.5平方公里），但由于塔城财政困难，严重影响了互市贸易区的发展。2014年在“丝绸之路经济带”战略指引下，互市贸易区建设有了进一步发展，已发展有400余间商铺、221个入市商户、9000平方米的营业面积和3600平方米的仓储面积，日平均交易额在（30—50）$\times 10^4$元之间。解决就业300余人，每日可容纳国内外客商5000—10000人进行贸易活动。2015年

① 王英，原帼力:《构建中哈跨境旅游合作区的战略思路和对策》,《对外经贸实务》，2016年第6期，第83-85页。

② 原帼力，王英:《中哈跨境旅游合作区建设发展探究》,《新疆财经》，2016年第4期，第60-71页。

③ 中华人民共和国国务院公报:《边民互市贸易管理办法》,《中华人民共和国国务院公报》，1996年第12期，第479-480页。

1月，互市贸易区日均客流量2600多人，节假日客流量达4000人次，日均营业额近15000元。

2015年底，在已有的互市贸易市场基础上，塔城正式提出了升级建设“中哈国际合作示范区”的战略构想，其前期工作已纳入新疆“十三五”规划。“互市贸易区”建设定位为建设成我国西北部区域性国际化的互市贸易区，具体包括贸易中转与配送中心、区域性国际采购中心、区域性旅游中心和区域性绿色有机农产品交易中心四种贸易功能为一体的、具有特色的国际口岸互市贸易区。互市贸易区突出如下6个功能分区：互市贸易区、仓储物流区、生活服务区、商务办公区、综合保税区、旅游观光区。①

4. 构建新丝绸之路文化旅游先行带

“古丝绸之路”沟通了亚欧大陆的商贸往来和文化交流大动脉，增进了中华文化、古印度文化、古希腊文化等不同文化间的沟通与融合，成为推动不同国家、民族、区域间和平对话和共同发展的典范。“新丝绸之路经济带”是对“古丝绸之路”的复兴与重构，其不仅是连接亚欧大陆资源与市场的商贸通道，也是推动亚欧大陆文化交流的重要纽带。文化旅游具有高度的文化融合力和产业关联度，可以作为“新丝绸之路经济带”战略的重要突破口。②在中哈国际旅游合作中，以社会主义核心价值观、中华文化和中哈和平友善传统文化为引领，以哈萨克草原文化为主线，融合丝绸之路经济带沿线各民族文化，形成独特璀璨的多元旅游文化产业集群，促进草原丝绸之路旅游可持续发展。③

① 旦志红、方创琳、何伦志：《丝绸之路经济带中国 — 哈萨克斯坦国际合作示范区互市贸易区建设探析》，《干旱区地理》，2016年第39（05）期，第987–993页。

② 于小涵、章军杰：《新丝绸之路文化旅游先行带的战略构想》，《浙江工商大学学报》，2015年第3期，第116–121页。

③ 王友文：《中哈两国实现哈萨克草原文化国际旅游合作目标的战略模式》，《中共伊犁州委党校学报》，2014年第4期，第28–32页。

构建新丝绸之路文化旅游先行带的思路有：一，加强政府间国际合作，构建跨国文化经济协作体。在跨境旅游发展的初期阶段，我国政府和哈吉两国政府应该在基础设施建设、边界口岸区规划、相关政策法规制定等方面加强合作，签署具有约束力的战略合作协议，深化边境管理、旅游签证、投资贸易等方面的协作，推动三国经济发展和区域合作进入一个新的发展阶段。二，借助“丝路”的文化力量，整合、保护与开发旅游资源，依托“丝绸之路”的文化力量，积极整合、保护与开发旅游资源，形成极具文化特色和地域风情的文化旅游线路，在沿途主要城市建立主题文化设施，整理和发掘、保护和研究大量丝绸之路的历史遗迹与遗物，建立博物馆或文化馆，开发旅游文化创意产品。三，在不同文化艺术领域展开多边合作，组织文艺团体，培养文化艺术人才，传承历史上留下的脍炙人口的传奇故事、诗歌、音乐、舞蹈、绘画等传统文化艺术，复兴丝绸之路传统文化艺术。四，增强“丝路”建设认同感，建立多元主体共同参与机制。历史上的丝绸之路并不是建设起来的，而是根据贸易需要自然形成的。文化旅游先行带虽是政府主导下促进文化旅游协作的一种多边合作形式，但也必须强化社会群体对文化旅游先行带建设的主动性和自觉性，最终实现市场机制作用下文化旅游先行带的常态化运作。五，“申遗”成功带来传统文化艺术发展的机遇，发展和产生新的丝绸之路文化艺术。以现代影视媒体加大国际宣传的力度，开发以丝绸之路热点城市为节点的国际旅游黄金线路，加强热点城市间的多边合作，满足国际游客多样化的旅游需求，形成新的丝绸之路文化艺术长廊。使新的草原文化、商旅文化、服饰文化、饮食文化、马文化、酒文化等，在丝路沿线得到长足的开发和发展，形成“新的丝绸之路文化体验之旅”。[①②]

还有两种实施办法：一是精心设计策划中哈两国联合实施“文化搭台、旅游唱戏”方略，组织实施丝绸之路文化产业系列开发工程；开展以“阿肯阿依特斯”弹唱文化旅游节、伊犁天马文化国际旅游节、哈萨克草原国际赛马节、新疆民族非物质文化遗产文化展演旅游节等为载体的丝绸之路文化旅游系列活动。二是以文博产业交流与合作为内核提升两国文化旅游产业品质和水平。可以考虑两国间进行草原丝绸之路联合考古、文物保护技术交流、博物馆文物互展和学术交流，使两国民众通过历史文物的展示了解对方国家历史文化和民族文化，完善自己对中哈两国文化的认知，提高草原丝绸之路旅游业的品质和水平。[③]

5. 构建世界级中哈草原文化国际旅游圈

中哈文化中，草原文化是重要的文化之一，这也是把草原文化旅游圈从文化旅游先行带中分离出来的原因。中国 — 哈萨克草原文化旅游在中国旅游产业中的地位日渐提升。中国的草原文化是包括蒙古族、满族、哈萨克族、柯尔克孜族等民族草原文化在内的，具有几千年悠久历史的博大深厚的优秀文化，它是中华民族优秀文化的重要组成部分。哈萨克草原历史文物古迹保存较好。古丝绸之路北道亦称草原丝绸之路，游牧民族遗留下来的古迹，最著名的有吉木萨尔的北庭遗址、伊犁的阿里麻里古城遗址，它们都是历史上草原文化繁荣的见证。哈萨克草原文化活动丰富多彩。如已有数百年历史的阿肯弹唱大会，还有各种马术节、赛马大会等。

① 于小涵、章军杰：《新丝绸之路文化旅游先行带的战略构想》，《浙江工商大学学报》，2015年第3期，第116–121页。

② 万明：《中国与哈萨克斯坦：丝绸之路文化带国际旅游线路的构建》，《丝绸之路》，2015年第8期，第43–44页。

③ 王友文：《中哈两国实现哈萨克草原文化国际旅游合作目标的战略模式》，《中共伊犁州委党校学报》，2014年第4期，第28–32页。

中哈草原文化国际旅游圈是为了中哈两国获得最佳经济、社会和环境效益，以旅游资源为核心，在两国边疆连片的哈萨克草原地理单元组成的国际旅游协作区域，是区域内各种旅游经济要素间相互作用而形成的国际性区域空间组织形式。它以丝绸之路文化、中国与哈萨克的历史文化、哈萨克民俗文化等为主要内容的草原文化为主体，融合草原区各民族特色文化，面向世界。中哈草原文化国际旅游圈是一个以拓展国际国内两个市场为动力引擎，以优化区域旅游功能布局、实现旅游产业结构升级、促进旅游产业可持续发展为关键策略，为把哈萨克斯坦与中国新疆旅游发展水平提升到世界级旅游经济示范区层次，而建立的国际旅游合作特区综合平台。

中哈草原文化旅游可以拉动丝绸之路经济带文化产业发展：一，哈萨克草原文化旅游的发展不仅带动丝绸之路经济带的旅游业发展，还会带动其他产业的发展，如交通、餐饮、住宿等。二，凭借得天独厚的区位优势和国家的政策支持，新疆必将在承接中西联动、促进中亚区域经济合作中发挥无可替代的作用，未来将不仅仅是中亚国家旅客到中国旅游的首选地，还将是中亚国家在中国的最大投资地和收获地。三，中国国家旅游局和哈萨克斯坦国家旅游局签署了旅游合作协议，在哈萨克斯坦新工业化政策的框架下，旅游业是优先发展的方向之一。哈萨克斯坦拟将本国打造成为一个世界闻名的旅游目的地，在中国这一世界旅游大国的支持和帮助下，这个目标更容易实现。①②

---

① 徐平，王友文：《中哈草原文化旅游合作拉动丝绸之路经济带文化产业发展模式研究》，《改革与战略》，2015年第31（08）期，第147–149+153页。

② 王友文：《构建世界级哈萨克草原文化国际旅游圈的要素分析》，《西北民族大学学报（哲学社会科学版》2015年第4期，第163–169页。

五、中国对哈萨克斯坦旅游外交关系展望

（一）中国与哈萨克斯坦旅游外交关系的挑战

1. 内部因素

哈萨克斯坦方面，中亚地区安全形势可能恶化，如涉及宗教极端主义、民族分离主义、国际恐怖主义等，会随之影响到哈萨克斯坦参与丝绸之路经济带构建的热情。中哈相关政府应增加安全保障措施，共同营造安全的旅游环境，降低安全因素对旅游的影响。

中国方面，在国家没有出台统一的协调规划方案之前，各省蜂拥出台与“丝绸之路经济带”相关的规划，可能加剧它们在资源和优惠政策等方面的竞争。此外，“丝绸之路经济带”构想具体实施途径仍缺乏详细的规划。[①]政府应当统筹规划，协调各省市的分工等，避免因竞争导致的资源浪费。同时，集思广益，尽快推出更详细的“一带一路”具体规划。

两国共同方面，我国进入哈萨克斯坦旅游，手续依然繁杂，如各种免签制度应该进一步推进，方便游客。缺乏有针对性的国际旅游合作制度安排和合作协议，双边城市和企业界层面的合作制度安排处于空白。[②]政府各部门的旅游制度、协议等应该尽快跟进。旅游企业也应以自己的方式，促进双边合作。

2. 外部因素

俄罗斯构建欧亚经济联盟，将中亚国家看作自己的重要战略盟友和独联体一体化的核心成员，对于中国在中亚日益增加的影响力始终心存抵触。此外，美国、日本散布“中国威胁论”使丝绸之路沿线国家政府和民

---

① 曾向红:《中国的中亚外交与丝绸之路经济带的构建》,《上海交通大学学报（哲学社会科学版）》，2015年第23（03）期，第5-14页。

② 阚越，王友文:《中哈国际旅游合作制度安排分析》,《中共伊犁州委党校学报》，2015年第2期，第36-39页。

众不免对中国有所防备、有所警惕，这些都对中哈关系有相关影响。[①]

面对以上外部影响，我国应长期做两个方面的努力：战略层面，要坚持“海纳百川，有容乃大，主动参与，融合发展”的基本方略。以友好合作方式，与世界共同发展。战术层面，要以加强草原丝绸之路旅游国际合作民间旅游交流与合作的方式，保持中国同美国主导的“新丝绸之路计划”和俄罗斯主导的欧亚经济联盟成员国人民的密切交往，以此循序渐进、潜移默化地建立起这些国家政府、民间组织和人民对中国的信任和深厚感情，使他们了解共建丝绸之路经济带的宗旨就是给各国和各国人民带来利益和实惠。

（二）中国与哈萨克斯坦旅游外交关系的发展前景

草原丝绸之路旅游发展极具潜力。中、哈、吉三国联合申报丝绸之路世界文化遗产成功，沿线各遗址得到很好的保护后，其文化内涵也会得到完整的开发和宣传，这必将会引起有关国家和地区民众的兴趣，有力促进草原丝绸之路旅游大发展。

中国主导的共建丝绸之路经济带战略，坚持“和平发展，互惠共赢”的基本方略；坚持“旅游搭桥，经贸唱戏，惠及民生，互利共赢”的基本方略。在中哈旅游外交“示范引领，逐步延展”的基本方略下，中国通过“一带一路”的旅游外交，带动沿线各国互惠共赢、和平发展，坚持丝绸之路经济带商贸物流可持续发展。中国要把旅游外交与中国和平发展联系起来，主动回应国际社会流传甚广的“中国威胁论”；发挥文化旅游“软实力”的作用，以克服中国在中亚国家“只为掠夺能源资源”的不良形象。[②][③]

① 王广元，王友文：《中哈国际旅游合作对推进丝绸之路经济带构建的政治考量》，《西部学刊》，2015年第3期，第63–67页。

② 王友文，王广元：《中哈国际旅游合作与共建丝绸之路经济带互动模式探微》，《新疆社会科学》2015年第4期，第86–91页。

③ 高春惠，郭桂均：《中哈两国哈萨克草原文化旅游合作前景研究》，《中共伊犁州委党校学报》，2015年第1期，第55–57页。

中国发展菲律宾旅游外交的战略意义及构想

宦欣雨①

摘要：中国发展菲律宾旅游外交对于双边关系具有重要的战略意义。菲律宾外交环境具有地理与民族的多样性、历史与宗教文化的独特性、传统安全问题的突出性等特点，文章基于菲律宾外交环境、旅游业发展现状以及中菲之间现有的合作基础，提出中国应立足于建立新型国际关系，发挥旅游外交的统筹作用，探索中菲国际合作新形式，通过制定旅游合作政策，密切旅游组织之间的交流，加强双方的旅游投资与贸易等途径来增加菲律宾对中国的了解和信任，协调与菲律宾的国际关系，建立持久和平稳定的中菲关系，树立大国形象，拓展国际外交新途径。

关键词：旅游外交；菲律宾；一带一路

① 宦欣雨，山东师范大学思想政治教育专业硕士生，研究方向为旅游外交、思想政治教育。

The Strategic Significance and Conception of Establishing Tourism Diplomacy between China and the Philippines

Huan xin-yu

Abstract: What the establishment of tourism diplomacy between China and the Philippines is of strategic importance to bilateral relations. The diplomatic environment of the Philippines has several characteristics, such as geographical and ethnic diversity, uniqueness of history and religious culture, and prominence of traditional security issues, based on the foreign environment, tourism development present situation and the existing between the Philippines cooperation basis, the article put forward based on establishing new international relations, China should play a role of tourism diplomacy as a whole, and to explore new forms of international cooperation, through make a series of tourism cooperation policy, strengthen the tourism investment and trade between the Philippine and China to increase the understanding and trust in the Philippines to China, then coordinate international relations with Philippines. And the counties can establish a lasting peace and stability in the relations between China and the Philippines, expand new ways of international communication.

Keywords: Tourism diplomacy; Philippines; the Belt and Road

改革开放以来，中国旅游业持续健康发展，成为加强中国与世界联系的良好平台。国务院发布的《"十三五"旅游业发展规划》将"旅游外交"上升为国家战略。关于旅游外交的定义，郑岩认为："旅游外交是旨在促进跨国间游客往来、保护本国游客在境外合法权益不受损害的外交行为，其最终目的是促进跨国人民相互了解、为世界和平发展做出贡献。”[①]在“一带一路”的大背景下，旅游外交已经成为国家进行对外合作的新力量。黄雪莹，梁儒谦认为：“旅游外交是推动‘一带一路’倡议落地生根的关键着力点。”[②]他们指出“应依托‘一带一路’构建全球旅游治理新秩序”。陆建人和蔡琦提出：“中菲合作历史悠久，中菲两国在‘一带一路’倡议下的合作领域十分宽广，最主要的是贸易、基础设施建设、能源、旅游等领域。”[③]赵江林还研究了中菲进行投资合作的原因和基础，中菲两国签署了包括旅游领域在内的13项双边合作文件，并指出“此举为中菲关系未来发展掀开了新的发展篇章。”[④]丁子涵指出：“旅游业是菲律宾经济发展的重要支撑，2016年，菲律宾加入‘一带一路’，中菲友好合作，促进了菲律宾旅游业及其他行业的发展。”[⑤]

本文基于菲律宾的外交环境与旅游业发展现状，在中菲友好合作的基础上探讨中菲建立旅游外交的可行性，提出中国对菲律宾旅游外交的战略构想和实施途径，致力于促进中国和菲律宾的友好合作，促进中菲关系持久稳定发展。

---

① 郑岩：《旅游外交：国家外交新领域新亮点》，《中国旅游报》，2015-7-23，第8版。

② 黄雪莹，梁儒谦：《“一带一路”倡议框架下的旅游外交》，《中国旅游报》，2017-10-3，第3版。

③ 陆建人，蔡琦：《一带一路倡议下中国与菲律宾的经济合作》，《国际经济合作》，2017年第3期，第34页。

④ 赵江林：《中菲投资合作前景可期》，《国际投资》，2016年第11期，第67页。

⑤ 丁子涵：《“一带一路”背景下中菲经贸关系分析》，《合作经济与科技》，2018年第1期，第67页。

一、菲律宾的外交环境特点

（一）地理与民族的多样性

菲律宾的地理和民族因素与其他地区相比有不同的特点，主要表现在两个方面：一方面，菲律宾所处的地理位置是大国和区域交流的主要枢纽；另一方面，菲律宾人口众多且分布不均，民族种类多。菲律宾东临太平洋，西临中国南海，南部与加里曼丹岛相望，与马来西亚和印度尼西亚相邻，北隔巴士海峡、台湾岛与中国大陆相望，地理位置优越，是亚洲与澳大利亚、太平洋、东亚与南亚的交通要道。据2016年人口普查，菲律宾人口达10293万，成为世界上第12个人口过亿的国家。菲律宾地形以山地为主，占总面积的3/4以上，人口分布分散，经过漫长的历史发展，形成多样的民族。菲律宾的民族种类众多，有90多个本土民族以及众多海外移民。平原地区主要为比萨扬人（Iisayangs）、他加禄人（Togalogs）、伊洛克人（Ilocanos）、比科尔人（Bicolanos），吕宋岛和棉兰老岛等山地生活着60多个少数民族，棉兰老岛西部和巴拉望岛等地生活着10多种少数民族。民族种类之多是世界上其他国家少有的。多样的民族、语言交流上的阻碍加大了菲律宾外交环境的脆弱性。

（二）历史与宗教文化的独特性

东南亚大部分地区都有过殖民地历史，菲律宾的历史与其他国家相比有不同的特点，主要表现为两个方面：一方面，殖民国家的连续性和多样性；另一方面，宗教文化的独特性。菲律宾曾经先后成为西班牙、美国和日本的殖民地，殖民时期菲律宾外交政策的制定具有一定的倾向性，使得独立后的菲律宾在外交政策的制定上也受到一定的影响。1946年，菲律宾独立，其外交政策经历了四个阶段的变化，由以中美关系为轴心的外交到平衡外交到经济外交最后发展为多边外交和务实外交。现在，菲律宾奉行独立自主的和平外交政策，已经与126个国家建立外交关系。历史上的殖民文化造就菲律宾独特的宗教文化，菲律宾的宗教种类多，主要为基督教和伊斯兰教。2012年人口普查显示，约80.58%的人信仰天主教，约11%的人信仰伊斯兰教，约2%的人信仰佛教，其余的人信仰印度教。[①] 在西班牙殖民时期，菲律宾宗教信仰的差异造就民族的分化：一部分是信仰天主教的少数民族，主要分布在菲律宾的中部和北部；另一部分是信仰伊斯兰教的穆斯林民族，主要分布在菲律宾的南部。菲律宾宗教文化的差异导致民族的对立，国内的不安全因素增多，加剧了菲律宾的不稳定性。

（三）政治上与周边国家合作频繁

菲律宾与周边的部分国家建立了友好的合作关系。2014年，菲律宾与马来西亚的反恐合作得到加强，双方领导人多次会晤，两国关系更加和谐。越南总理访问菲律宾，决定将两国关系上升为战略伙伴关系。同年，菲律宾与印度尼西亚签署了《海上专属经济区划界协定》，就两国海洋领域的重叠部分进行了划分，此举避免了菲印两国在海洋开发上的争端，有利于两国建立友好合作关系。菲律宾是东盟的创办国之一，近年来，与中、美、日等国的关系都有不同程度的发展。 阿基诺三世上台后，菲律宾与美国加深军事合作，并签订军事防务协议，两国同盟关系加深。近年来，南海问题频发，中菲之间关系呈现胶着状态，直到2016年杜特尔特上台之后，推动独立自主的和平外交政策，并搁置南海仲裁结果，积极修复与中国政府的关系，中菲关系得以友好发展。

① 庄国土、陈华岳:《菲律宾华人通史》，厦门大学出版社，2012，第31页。

二、中国与菲律宾关系的发展

（一）中国与菲律宾关系发展的简要回顾

中华人民共和国成立后，菲律宾与中国的关系大体分为三个阶段：

1. 战后中菲关系

第二次世界大战后，中菲关系处于恶化与僵持阶段。菲律宾在1946年获得独立，与南京国民政府建立外交关系，中华人民共和国成立后，菲律宾的领事馆搬移到了台湾，但未承认中华人民共和国政府的存在。抗美援朝战争结束后，菲律宾加入了东南亚条约组织（以美国为首的反共联盟），效仿美国对中国采取敌视政策。20世纪60年代末期，菲律宾开始反思其对华政策。1971年，中国恢复在联合国的合法席位，中美关系日趋友好，菲律宾意识到中国国际地位的改变，做出政策上的调整。

2. 解冻后中菲关系

20世纪60年代中期，两极格局向多极化转变。由于战争，美国的综合国力大大削弱，此时中国开始经济建设，综合国力不断地加强。由于国际形势的转变，菲律宾重新考虑与中国的关系。中国政府强调和平共处五项原则，声称绝不干涉别国内政。1975年6月9日，菲律宾与中国建立外交关系，承认中华人民共和国为唯一合法政府。建交后，双方进行积极的经济和贸易合作。在1986年—2010年菲律宾经历五届政府，双方的友好关系依然未变，但也存在两个主要问题，即南沙群岛问题和台湾问题。双方就这两个问题进行多次交涉，双方关系维持稳定。

3. 中菲关系现状

20世纪末至今，中国与菲律宾的高层进行频繁的接触和访问，中菲双方偶有冲突发生，但总体上保持和平稳定。2012年黄岩岛事件后，中菲两国的关系不断恶化，合作的意愿下降。2016年6月，菲律宾新任总统杜特尔特上台，搁置南海仲裁案的决策，积极开展与中国的合作，在“一带一路”倡议下，中菲关系得到新的发展。

（二）中国与菲律宾多种形式的合作关系

1. 政府双边的合作

为了响应“一带一路”的号召，中菲双方在多个领域开展了合作。2016年10月，杜特尔特总统访华，双方签署《中国商务部和菲律宾贸工部关于加强贸易、投资和经济合作的谅解备忘录》《中国农业部与菲律宾农业部农业合作行动计划（2017—2019）》。2017年，副总理汪洋访问菲律宾，出席“中国东盟旅游合作年”开幕式，双方签署《中菲经济合作六年发展规划（2017—2021）》。截至2017年底，双边贸易额达到512.8亿美元，经贸合作成果显著。21世纪以来，中菲的文化交流也十分密切。两国已经签订了200多个科研合作项目，新华社在马尼拉也设有分社。中国驻菲律宾大使馆，利用传统节日进行中国传统文化的宣传工作，连续7年举办了“中菲传统文化节”，加深中菲两国的了解。2016年中菲签署《旅游合作谅解备忘录执行计划》。2016 年10月杜特尔特访华，中菲签署《中国国家旅游局和菲律宾旅游部旅游合作谅解备忘录执行计划（2017—2022）》，中菲之间的旅游交往有了政策的保证。

2. 论坛形式的合作

除政府双边的合作，中菲双方还开展了论坛形式的合作。2012年，菲律宾旅游部长出席上海国际旅游博览会，菲方表示将落实《旅游合作谅解备忘录》的规划，推动与中国的旅游合作与交流；2015年，习近平抵达菲律宾马尼拉出席亚太经合组织第二十三次领导人非正式会议，发表《深化伙伴关系共促亚太繁荣》的重要讲话；2016年，张高丽与菲律宾总统杜特尔特共同出席中菲经贸合作论坛，双方表示愿意共同合作，贯彻落实此次论坛中达成的协议，推动中菲关系沿着更好的方向发展；2017年，汪洋出席中菲经贸合作论坛暨中小企业投资与贸易洽谈会，发表题为《迎接中菲友好合作的春天》的演讲，此次论坛会议强调中菲中小企业之间的合作，并签订多项协议，推动中菲双方关系的友好深入发展。

3. 民间形式的交往

中菲建交后，菲律宾华人开展积极的返乡拜祖活动，这种民间形式的交往加强了中菲友好关系的发展。1985年菲律宾让德堂吴氏宗亲总会回乡拜祖，之后，菲律宾的华侨开始进行大规模的回乡探亲、修建庙宇的活动，与故乡建立了联系。教育领域的人员流动也是民间交往的重要方式之一。2011年，教育部留学服务中心副主任率领教育调研团访问菲律宾；2012年12月，福建泉州师范学院赴菲律宾进行为期10个月的汉语支教，此次支教更好地传播了中国文化，促进了中菲双方的文化理解互信；2018年4月，菲律宾教育代表团来上海参观学习上海幼儿园的教学理念及管理方法，促进了中菲双方的文化交流。旅游也是加强民间交流的重要方式之一，2017年中国赴菲旅游人数达96.8万人次。[①]

三、菲律宾旅游业发展现状

（一）菲律宾旅游资源及其特点

菲律宾的自然旅游资源和人文旅游资源种类丰富。自然旅游资源方面，由于其四面环海，海岸线曲折，海湾景观丰富，如图巴哈群礁海洋公园，被认为是菲律宾最好的潜水地点；菲律宾多山地，地处太平洋沿岸火山地震带，火山景观丰富，如马荣火山，是菲律宾最大的活火山；菲律宾是热带海洋气候，多山地，因此动植物种类丰富，具有丰富的生物景观，

① 杨阳：《菲律宾旅游部：菲今年打算吸引150万中国游客赴菲旅游》，环球新闻网，http://world.huanqiu.com/exclusive/2018-05/12003567.html，2018-5-10。

例如民都洛岛的野水牛、保和岛的眼镜猴等。人文旅游资源方面，节庆日众多，历史遗迹众多，其巴洛克教堂群、科迪勒拉水稻梯田、美岸历史城镇被列入《世界遗产名录》。菲律宾的旅游资源具有以下三个特点：

1. 资源奇特，令人惊奇

菲律宾位于太平洋沿岸火山地震带，地质结构复杂，地壳运动频繁，形成独特的火山景观、海沟景观、海峡景观。菲律宾的火山景观也有两大特点：一个是造型构图新颖且具有审美价值；另一个是活火山多，火山爆发时具有奇特性。塔尔火山中间还有一个湖，湖中有山，山中有湖，更具奇特性。

2. 种类丰富，叹为观止

菲律宾的旅游资源种类丰富，有地文景观类旅游资源，如火山风光、海滨大道；有水文景观类旅游资源，如长滩岛、图巴哈群礁；有生物景观类旅游资源，如汉密吉伊坦野生动物保护区，有国鸟食猿雕、猪笼草等；有历史古迹类旅游资源，如吕宋岛的美岸历史城镇，是菲律宾的文化古城。

3. 文化氛围深厚，历史感强

菲律宾曾经是西班牙、美国、日本的殖民地，独特的殖民历史造就如今具有异国特色的古建筑，历经风霜，保留下来，具有深厚的历史感。例如，菲律宾的巴洛克教堂群就是西班牙殖民者所建，体现西班牙的建筑风格。科迪勒拉水稻梯田则是伊富高人所建，突出地代表了当时的文化，具有历史意义。

（二）菲律宾旅游业发展现状

近年来，菲律宾的旅游业发展迅速，几乎已经发展为本国的支柱产业，主要从基础设施和旅游政策两个方面来分析。

1. 基础设施

菲律宾的旅游基础设施普遍落后，尤其是交通运输和酒店住宿业。世界经济论坛在2016年9月公布的《全球竞争力报告》显示，菲律宾的基础设施远远落后于东南亚五国，评分均为最后。菲律宾交通以公路和海运为主。公路建设极为不平衡，首都马尼拉附近地区路网密度最大，在棉兰老岛等偏远地区密度较低，部分地区甚至还没有通公路。首都马尼拉在全球社交导航软件“位智”中，被评为全球交通最差的城市。公路的运输能力差，各城市之间的联系不方便，无法满足旅游所需要的节约交通时间的要求。各岛之间主要依靠轮渡，建立了发达的轮渡路线，全国共有大小港口数百个，轮渡港口的设施建设不完备，转港所需等待时间长，在2天以上，转运比较费时间。菲律宾的酒店少，客房的总量少，酒店的设施不完善，不能满足多样化的旅游需求。2016年，菲律宾总统杜特尔特上台之后，菲律宾政府认识到自己在基础设施建设中的不足，计划在2017年将基础设施建设的投资从GDP的5%提高到7%，开始大规模地建设基础设施。

2. 旅游政策

菲律宾于1973年成立旅游部，制定旅游政策、旅游规划。初期主要通过一系列的振兴经济的政策恢复经济增长，推动第三产业的发展，进而使旅游业得以发展。进入20世纪90年代，经过中菲协商，菲律宾被准许成为中国公民探亲旅游的目的地国家，开始发展入境旅游。近年来，由于恐怖事件的影响以及区域内的竞争：泰国普吉岛、印度尼西亚的巴厘岛等海岛旅游的兴起，菲律宾的旅游发展受到阻碍。面对内部问题和外部竞争，菲律宾政府采取以下政策鼓励旅游业发展：

（1）制定主次分明的环球旅游策略。在这个策略中，菲律宾将重点放在了中国等亚洲国家。其内容主要包括：加速主要的市场，有中国、日本、韩国；增加对澳大利亚、俄罗斯、德国、印度市场投资；研究对中国香港、新加坡、中国台湾的旅游障碍，巩固关系；监控其他潜在市场，如英国、意大利、西班牙、法国等。

（2）完善签证政策，适当放宽签证要求。菲律宾开辟了落地签证手续。办理业务的旅行社与菲律宾的地接社洽谈好合作之后，由菲律宾的地接社与机场做好协调，游客就可以在到达菲律宾之后再办理落地签证，简化了游客出行办理签证的手续。现在，菲律宾已经对中国实行了落地签政策。

四、中国开展菲律宾旅游外交的战略构想

（一）中国对菲律宾旅游外交的战略意义

1. 国家政治层面

旅游外交与传统的外交活动有不同之处。旅游外交有一定的非正式性和很强的民间色彩，旅游外交丰富了传统外交的内涵，具有一定的灵活性，可以在不动用政治资源、不触动国家政治立场的情况下完成传统外交所不能完成的任务。

2. 国家安全层面

旅游外交不需要动用国家的强制性力量，而采取和平的方法缓解局势。通过中菲两国旅游部高层的会话协商，制定中菲两国开展旅游合作的具体措施、政策，开展旅游活动，增加中菲双方政府高层的交往，从而在一定程度上缓和紧张的国际关系。

3. 国家形象方面

一方面，中国主动地与菲律宾进行旅游交往，展示中国独立自主崇尚和平的文明强国的形象，从而让世界更好地认识和了解中国，传播中国文明强盛的形象。另一方面，在政府有意识的引导下，赴菲旅游人数会逐年攀升，通过数据的统计，不仅让菲律宾看到中国客源市场的潜力，更向全

世界展示中国强大的市场潜力和强有力的综合国力，从而提高中国在全世界的地位。

4. 国家经济方面

旅游业是一个综合性的产业，具有很强的牵连附带作用，其辐射范围很广，与菲律宾发展旅游外交势必会带动相关产业的发展。菲律宾的旅游基础设施建设比较落后，中国企业则可以通过政府招标，参与到菲律宾的基础设施建设中，进而产生一定的经济效益，提高国家的外贸收入，提高经济水平。

（二）中国对菲律宾旅游外交的战略定位与实施理念

从中菲两国的国情出发，立足于建立以合作共赢、团结稳定为核心的中菲新型国际关系，围绕着树立中国负责任大国的国家形象，遵循以下理念，与菲律宾开展旅游外交，缓和中菲关系，促进中菲双方互利共赢。

1. 以中菲旅游外交为试点，构建国际外交新秩序

通过各种形式的旅游交流，包括中菲官方和民间的旅游交流，制定中菲交往的新规则，以此探索国际外交的新秩序。中菲之间通过建立旅游外交，制定两国之间的旅游规则，出台相应的政策，确保两国国民出境游的安全，保障两国的国家利益。

2. 通过建立中菲旅游外交，探索国际合作新形式

中菲建立旅游外交，在一定意义上可以说是中国和菲律宾两国以旅游为中介而进行的国与国之间的新型合作方式，具有一定的灵活性和自由性。中菲之间的旅游外交，涉及政府间旅游项目的合作、国家组织之间的项目合作、民间居民的旅游交往、私人企业之间的旅游合作等等，涉及的面积比较广阔，其中的经验值得记录并保存，为国际合作提供思路。

3. 发挥旅游外交的统筹作用，促进中菲友好合作发展

国与国之间的旅游外交，在国家关系亲密友好的时期，有锦上添花的

作用，在两国关系紧张乃至僵持阶段，有雪中送炭的作用，能发挥普通政治外交所不具备的作用。中菲之间通过政府之间以及非政府之间的旅游交流合作，增进两国之间的互相了解和依赖，形成稳定的旅游合作关系，从而促进两国之间稳定和谐的外交秩序，促进中菲长久友好合作发展。

4. 为国民服务，帮助中国旅游企业“走出去”，提高中国旅游的知名度

中菲之间通过接触，交往频繁，相应地带动相关产业的发展。旅游业的联动效应以及与菲律宾之间良好的旅游交往基础，促使中国企业走出国门，在菲律宾找到发展的机会，形成自己的品牌，获得经济效益。旅游目的地和客源地之间同种接洽，给赴菲旅游的中国游客带来方便，提高其旅游体验。

（三）中国对菲律宾旅游外交的实施途径

1. 中菲之间加强高层交往，为旅游外交提供良好的政治环境

政府之间加强交流，增进相互理解，有利于政治稳定，促进旅游外交战略的实施。具体措施主要有以下两点：（1）加强高层之间交流互访。2013年，中国提出建立“丝绸之路经济带”和“21世纪海上丝绸之路”，东南亚多个国家纷纷表示支持，菲律宾政府对此并不热衷，并采取回避政策，直到2016年，杜特尔特上台后，积极地与中国进行政治性互访，中菲关系恢复正常，政治环境趋于稳定，仅2016年两国就签署13个合作备忘录，达成150亿美元的投资承诺和90亿美元的融资安排，大大促进中菲双方经济的发展。基于此，中菲高层之间应加强交往，为中菲之间建立旅游外交提供稳定的合作环境。（2）中菲官方的旅游部门加强合作，共同推进中菲旅游的发展。2017年，汪洋出席“中国—东盟旅游合作年”，会议表示将扩大旅游相互投资，把双方领导人的共识转化为合作成果，推动中菲合作更快发展。因此，中菲官方的旅游部门应互通有无，研究对方的旅游政策，通过合作召开国际的旅游研讨会、旅游合作论坛，加深对当今旅游

发展的认识，更深层次地解读旅游政策、旅游法规，从而制定符合实际、互惠互利的旅游发展政策。

2. 中菲之间进行相应的旅游投资与贸易，取长补短，互惠互利

中菲之间各有长短，各自的短板制约着本国的发展。中国的工业发展水平和基础设施建设明显强于菲律宾，而菲律宾的矿业、农副产品比较丰富，中菲的经济互补性比较强。加强中菲之间的旅游投资与贸易，相互帮助，有助于双方以较低的代价弥补自己的短板，使双方更快更好地发展。主要途径有以下两点：（1）加强对基础设施的投资。阿基诺政府时期，忽视菲律宾的基础设施建设，基础设施建设水平低下。杜特尔特上台之后，加强菲律宾基础设施建设，于2017 年4 月推出基础设施投资计划，表示将在中国帮助下进行基础设施建设，“将在6 年内投资 8. 4 万亿比索（约合1.16亿元人民币），在菲国内推进包括机场、港口、铁路等基础设施建设。”[①] 因此，中方可帮助菲律宾进行基础设施建设，帮助其进行交通、通信建设，提高菲律宾交通通信水平，从而提高菲律宾的旅游承载力，加强菲律宾旅游的吸引力，促进菲律宾旅游业的发展，中国也可从中获利，双方取长补短，共同进步。（2）进行旅游方面的投资与贸易。2017年3月15日，“中国 — 菲律宾企业贸易对接会暨签约仪式”在马尼拉举行，21家中国企业和菲律宾对接企业共签署73 项贸易协议，金额超17亿美元，贸易协议的签订促进中菲两国经济的发展。中菲之间进行旅游方面投资与贸易，就旅游产品进行深加工，从产品的形成到售卖，形成完善的产业链。

3. 继续推进旅游友好城市建设，促进中菲友好合作共同发展

中菲之间进行旅游友好城市建设，为中国和菲律宾建立旅游外交打下了良好的群众基础。截至2017年1月，中菲共结成29对友好城市。友好城

① 李金明：《“杜特尔特经济学”与中菲关系的改善》，《东南亚研究》，2017年第6期，第144页。

市的建设对于促进中菲旅游交流，增进城市间互相了解和友好互信发挥重要作用。因此，继续推进旅游友好城市建设，使已经形成的友好城市关系更加稳定，交流更加密切。主要途径有以下几点：(1)密切旅游友好城市之间的联系。已经建立友好关系的地方政府之间经常性地组织并开展一些旅游交流活动、旅游参观活动，加深对友好城市双方的理解，增进旅游互信。制定一些地方性的往来优惠政策，促进友好城市居民的来往，如在旅游季节降低友好城市之间的机票价格，设立友好城市优惠酒店。(2)友好到户。在双方各自自愿的情况下，友好城市双方政府之间举办友好家庭活动，将友好关系具体到各个家庭，加深双方友谊。(3)增加并形成新的友好城市。通过增加友好城市，增加旅游交流新的基点，扩大旅游交流的广度，使旅游合作的作用面积更加广阔，使旅游外交的基础更加坚固。(4)效仿旅游友好城市，建立贸易交流城市、文化交流城市，吸取旅游友好城市的不足，学习其成功之处，将合作扩展得更加宽广。

4. 中菲双方通过旅游加强双方的文化交流，增进文化互信

文化是一个国家经过长时间的积淀而形成的具有传承性的精髓。文化对人的影响悄无声息，对于理解本国的政治、外交举措具有辅助作用，中菲双方应该通过以下举措加强文化交流：(1)中菲双方可以举办旅游年、旅游日等活动。2017年11月14日，澳大利亚在悉尼举办“中澳旅游年”，澳大利亚和中国互相推荐本国有特色的旅游地，加深双方的认识，增进双方的友谊。中菲可借鉴经验，商定“中菲旅游日”以及其他值得纪念的节日，适时推荐本国特色旅游资源，增加对方对本国的了解，增加旅游吸引力，密切两国交往。(2)发挥节庆活动的作用。2012年，“菲中传统文化节”在菲律宾举行，吸引当地华人和菲律宾人参加，加深当地人对于中国文化的理解。因此，中国驻菲律宾大使馆可在中国的传统节日时在菲律宾举行庆典活动，并邀请当地政府和居民参加，从而加深当地人对中国节日的认

识，传播中国文化。将菲律宾有特色的节日赋予一定的旅游色彩，稍加包装，成为旅游吸引物，吸引更多的中国游客前来一起庆祝，亲身体会，增强旅游参与感，加深对菲律宾文化的认识。(3) 建立文化体验基地。2005年，中国与菲律宾合办孔子学院。2006年，菲律宾雅典耀大学孔子学院成立。孔子学院培养汉语教师，每年都举办中国文化推广宣传活动，减少中菲文化上的差异，促进中菲互相了解，增进中菲互信。基于此，中菲双方可在当地互设文化体验馆，让游客近距离地学习并体验各自的文化。中菲两国可共同开办关于旅游的学术论坛、文化研讨会，邀请来自两国甚至世界的专家学者进行学术讨论，丰富两国关于旅游的认识。配备相应的学术旅行团，实行认识和实践相结合的方式，既可宣传本国旅游，接受专业的建议，又可加深相互之间的联系，促进中菲关系的和平稳定发展。

5. 加强国内治安，维护本国国家安全

两国进行旅游外交，国家的国内安全和区域安全至关重要。国内稳定安全，有利于外交关系的建立，有利于两国关系和平稳定发展。(1) 加强社会治安管理。菲律宾国内治安较差，2010年8月发生劫持香港游客事件，自2014年9月以来，菲律宾6天发生3次绑架中国游客事件，中国游客的生命安全受到影响，影响中菲旅游外交策略的实施。菲律宾应加强对本国治安的管理，建立严格有效的监督管理机制，尤其是对地方警察局的监管，落实治安管理，降低地方犯罪率。完善犯罪惩罚措施，严惩违法犯罪行为。加强对居民的教育宣传工作，将犯罪扼杀在摇篮里。(2) 完善区域安全管理措施。菲律宾地处东南亚，东南亚是恐怖分子活动频繁的地区。2017年5月，菲律宾官方发布声明，外来武装分子渗入菲律宾国内，菲方派遣军队进行镇压。此次打击恐怖分子的活动使得马拉维市居民纷纷逃离，严重危及居民的生命安全。因此，菲律宾应维护国家安全，加强出入境管理，严把入境关。加强区域间的合作，与周边国家进行合作，共同抵御恐怖分子，维护地区和平。

目前，世界局势总体稳定，虽有战争，但一般发生于中东地区，波及范围并不是很大。中菲之间的关系总体上是稳定的，建立旅游外交的前景是光明的。首先，在经济全球化的进程中，各国都在进步，中国和菲律宾作为发展中国家，更加需要进步。其次，中菲两国在旅游方面的互补性很强，可以互相借鉴互相帮助。最后，中菲两国有良好的合作基础，且需要通过旅游缓和或者增进中菲之间的关系。

中菲通过旅游建立外交关系的战略还存在着挑战。菲律宾的国内政治环境比较复杂，安全系数不高，游客的人身安全无法得到更大的保障。菲律宾本国政府加强基础设施的建设，中国政府对菲律宾进行大量投资，但是旅游的基础设施建设还较为落后，网络建设极其不充分。除菲律宾国内因素之外，菲律宾的旅游开发模式同马来西亚等海岛型国家的旅游开发模式相类似，开发的力度不如其他国家，存在着同类旅游产品上的竞争。这些因素都或多或少地影响着菲律宾的旅游吸引力，成为建立旅游外交的阻力。除此之外，中国内部也存在着问题，例如，中国某些旅游产品过度开发，使其失去原本的面貌，某些景点过于拥堵，无法产生很好的旅游体验，这些都降低了旅游体验。中菲之间建立外交关系最重要的影响因素是南海问题和台湾问题，这些问题从中菲建交以来就一直存在，或多或少地影响着某一时期的中菲关系。

中菲之间存在问题，但双方已经发现存在的问题并积极应对，双方领导人都表示搁置南海问题，共同努力消除障碍。建交以来，两国的合作明显增多，为旅游外交战略的实行奠定了基础，再加上海外华人华侨的推动，旅游外交战略实现指日可待。

中国发展文莱旅游外交的战略意义及构想

代琳燕[①]

摘要：文莱国小且是“在一个急剧发生着冲突的东南亚地区里实现独立的”。作为“一带一路”沿线的“关键小国”，中国和文莱两国通过战略对接加强合作从根本上符合两国的国家利益，可以实现共赢。也可以为中国与其他“一带一路”沿线国家合作起到“示范作用”。中国目前已成为全球最大的出境游客源国，文莱一直非常重视中国的客源市场。中国发展文莱旅游外交工作不仅有助于维护中国国家安全、塑造和传播国家形象，对促进“一带一路”倡议实施，推动“中国—东盟命运共同体”构建同样具有重要促进作用。

关键词：文莱；一带一路；旅游外交

China's Development of Brunei Tourism Diplomacy under the Belt and Road Strategic Significance and Conception

Dai Lin-yan

Abstract: Brunei' s country is small and independent. "It is an

① 代琳燕，中央民族大学政治学与行政学专业，研究方向旅游外交、国际旅游合作。

independent Southeast Asia where there is an urgent need for conflict.” As the” key and small country” of the “One Belt and One Road” riparian countries, Brunei’s strategic connection between the two countries can create a model for cooperation and create a “demonstration effect “ for China and more riparian countries to cooperate. The strengthening of cooperation between China and Brunei via strategic alliances is fundamentally in line with the national interests of the two countries and can achieve a win-win situation. The cultural relics of the Tang, Song and Ming dynasties of China unearthed from the Sweet Orange River Basin in Brunei prove the deep cultural and trade exchanges between China and Brunei through the Maritime Silk Road. China has become the world’s largest source of outbound tourists. Brunei has always attached great importance to the Chinese source market. China’s development of tourism diplomacy in Brunei also has an important all-round development strategic cooperation significance.

Key words: Brunei; The Belt and Road; Tourism diplomacy

东盟是太平洋与印度洋、亚洲与大洋洲交汇的十字路口，处理好与东盟各国的关系，是中国立足亚太、稳定周边的关键一步。位于马来西亚西部的文莱虽小，独立晚，但作为“一带一路”沿线国的“关键小国”，中文两国之间的战略对接从根本上符合两国的国家利益，可以为中国和“一带一路”沿线国家合作起到积极的“示范作用”。未来，中文两国在已有的合作基础上，如能共同应对地区贸易模式的转变，加强政治互信，两国之间合作必将达到新高度。①

① 马博:《文莱“2035”宏愿与“一带一路”的战略对接研究》,《南洋问题研究》，2017年第1期，第62-73页。

文莱拥有优美的自然风光、悠久的历史文化、独特的国情民俗、丰富的矿藏资源，有“世外桃源”“水上村落”“东方威尼斯”之称。文莱甜柑河流域出土的中国唐、宋、明等各个时期的文物，表明中国和文莱两国之间文化和贸易交流已有悠久历史。旅游业是文莱除油气业外大力发展的又一产业，已采取多项鼓励措施吸引海外游客赴文旅游。作为全球最大的出境游客源地，文莱非常重视中国客源市场的开发。两国借助于旅游业的发展对于促进两国人民交流，“一带一路”建设有着重要的外交战略意义。

旅游外交是指一国在国际旅游活动中的行为，包括参与国际旅游会议、互设旅游办事处或进行旅游国际合作交流等事宜①，从属于国家外交战略，服务于国家利益，对国家形象的塑造和传播具有重要作用。2016年国务院发布的《“十三五”旅游发展规划》明确提出：实施旅游外交战略，开展“一带一路”国际旅游合作，拓展与重点国家旅游交流，创新完善旅游合作机制。

一、文莱的外交环境特点

（一）地理与人口的独特性

文莱地处东南亚地区，全称“文莱达鲁萨兰国”，全名意为“生活在和平之邦的海上贸易者”。独特的地理条件赋予了文莱相对稳定的陆地安全条件。文莱人口较少，国民29.65万人，其中男性21.35万人，女性19.84万人；人口密度为71.4人/平方公里。②华人在四个行政区均有分布，以摩拉区和马来奕区居多。国土狭小、人口基数过小无法依靠自身能力实现海洋安全的状况。在建设少量海军力量的基础上，积极参与地区安全合作成

① 金涛：《旅游外交的概念、作用及重点工作》，《中国旅游报》，2017-05-16，第003版。

② 正点国际：《文莱》，http://www.qqfx.com.cn/bn/index.html，2017-8-1。

为文莱海洋安全的唯一选择。

（二）历史与文化背景的多样性

直到1993年为止，文莱王朝是亚洲王朝中除日本菊花王朝外国祚最长的王朝。伊斯兰教在文莱有500多年的历史，文莱苏丹王朝的兴起和发展都与伊斯兰教密不可分。因此，伊斯兰教成为影响文莱的最重要的文化力量。文莱是东盟、英联邦、伊斯兰会议组织、不结盟运动和联合国的成员国之一，其外交活动多以东盟成员国的身份进行，在区域性和全球性重大问题上与东盟其他国家保持一致。在东盟各国中，文莱尤其重视与马来西亚、印尼和新加坡三国的关系。

（三）政治和经济发展水平稳定性

文莱在近代史上曾长期是英国的殖民地，第二次世界大战时期被日本占领，1984年脱离英国获得完全独立。独立后的文莱，仍然沿袭其君主制传统，最高君主称苏丹（系阿拉伯语），系军事、财政、立法大权于一身。在政党制度方面，文莱虽然允许政党注册，参与政治生活，但不符合现行政体的政党都会遭到取缔。文莱是东盟重要成员国，作为东南亚的小国，文莱主张国无大小，一律平等，对外奉行独立自主的和平外交政策。通过加入联合国、东盟、APEC、伊斯兰会议等国际组织并积极参与相关进程谋求国际影响力，其中文莱与东盟关系是其外交关系的立足点和基石。中文两国于1991年正式建交，建交以来两国关系发展稳定，高层保持接触交流，政治互信度较高。

从世界银行给出的相关数据来看，文莱属于高收入水平国家，各项指标均位居世界前列（除GDP总量外），其中尤以人均GDP为显著。文莱的发展奇迹主要得益于资源开采。其中原油和天然气出口占国家GDP总量的一半以上。文莱还有市场开放、税收优惠、投资与贸易的风险相对较低、政治稳定、政策透明度高、地理位置优越等优点。文莱的区位优势以及在“东盟东部增长区”次区域合作中的中心地位，决定了该国是建设21世纪海上丝绸之路的重要一环，文莱政府积极响应，努力寻求与中国加强港口合作，开辟海上互联互通。

二、中国与文莱关系的发展

（一）中国与文莱关系发展的简要回顾

1.古代中国与文莱的友好交往。古代中国和古代文莱交往源远流长。早在我国南北朝时期（公元420—589年），两国就有了正式的官方交往，我国史书称之为“婆黎”（又称婆利）。在隋唐时期两国开始贸易往来并建立了朝贡关系。到唐代末年，我国史书把“婆黎”改称为“渤泥”（又写作渤尼、波尼等）。宋代鼓励对外贸易，两国进行了密切的经贸往来。有一蒲姓商人，名卢歇，常年泛海到渤泥国经商，之后，渤泥国王向打派遣使者随同蒲卢歇来宋朝朝贡。[①]并且，在文莱曾经发现中国宋代的瓷器。[②]到了元代，越来越多中国人前往渤泥经商，并受到了当地人的友好接待。明代，中国为进一步加强与南洋各国的联系，与渤泥的友好交往相比前代更加亲密。渤泥国王多次派遣使臣来中国朝贡，明朝皇帝也每次以厚礼回赠。据《明史》载，自永乐三年至宣德八年的28年内，渤泥国向明朝皇帝朝贡达十次之多，两国关系在此达到鼎盛。渤泥王加那于永乐六年（公元1408年）亲自来访中国，因突发恶疾逝世被厚葬于中国南京，明成祖“辍正朝三日”，赐谥号“恭顺”。[③]

2.现代中国与文莱的关系发展。中华人民共和国成立后，由于“冷战”

---

① （元）脱脱，阿鲁图:《宋史》，中华书局，1985年6月：卷489《外国五》

② 中国新闻网:《探寻郑和之路：文莱河岸发现两公里中国瓷器道》，http://www.chinanews.com/news/2005/2005-04-07/26/559946.shtml，2005-4-7。

③ （清）张廷玉等:《明史》，中华书局，1974年7月：卷325《渤泥传》

的爆发，文莱并没有与中国建立外交关系，但从1958年开始，两国建立了小范围的经贸关系。随后每年贸易额逐渐增多，从一开始的几万美元增多到1984年的264万美元，但该阶段仅是中国对文莱单方面的出口。[①]自1984年文莱独立后，中国与文莱的接触与交往逐步恢复。1999年，两国签署联合公报，进一步发展在相互信任和相互支持基础上的睦邻友好合作关系。2013年，两国建立战略合作关系。[②]两国友好合作关系进展顺利，多领域友好交流与合作逐步展开，并已进入了长期稳定深入发展的轨道。

（二）中国与文莱在各领域的交流合作关系

新时代下，国与国关系不再依据意识形态划分，谋求和平与发展则成为大多数国家开展对外事务的最终取向。国体和政体均不同的中国与文莱跟随世界发展潮流，在政治、经济、文化、军事等多领域开展了密切合作，不仅增进了两国之间的交流发展，也促进了亚太地区的和平与稳定。

1.两国高层领导政治互信，开展地区合作。1993年两国外交部在对方首都互设大使馆并建立定期磋商制度，迄今已举行15次磋商。我国多位国家领导人、委员先后访文或赴文出席会议。文莱苏丹哈桑纳尔先后10次访华或来华出席国际会议，外交大臣穆罕默德·博尔基亚于1997年6月底应邀出席香港政权交接仪式，其他王室成员、国家部长也多次访华，表示文莱一贯坚持一个中国政策、支持中国和平统一大业。[③]

除却两国之间的交流，中国与文莱在地区事务上也开展了广泛的交流合作。文莱于2006年7月至2009年7月任中国 — 东盟关系协调国。2014

---

① 程毕凡，谢陈秀瑜：《中国与东盟国家经济关系现状和发展趋势》，中国社会科学出版社，1988，第67页。

② 中华人民共和国外交部官网：《中国同文莱的关系》，http://www.fmprc.gov.cn/web/gjhdq_676201/gj_676203/yz_676205/1206_677004/sbgx_677008/，2018-7-3。

③ 中华人民共和国外交部官网：《中国同文莱的关系》，http://www.fmprc.gov.cn/web/gjhdq_676201/gj_676203/yz_676205/1206_677004/sbgx_677008/，2018-7-3。

年11月10日，国家主席习近平在人民大会堂会见文莱苏丹哈桑纳尔，表示愿意同文方加强海上合作，推动南海共同开发尽早取得实质进展，共同推动中国—东盟关系健康发展。文方也将积极参与亚洲基础设施投资银行建设。[①]并且，中国与文莱同为亚太经济合作组织和亚欧会议成员国，在维护地区和平、安全、稳定以及开展区域经济合作等方面都持积极态度，共同促进了亚太地区的团结和繁荣。

（2）两国双边贸易积极合作，互促经济发展。2000年11月，两国政府签署《鼓励和相互保护投资协定》后，两国双边贸易额大幅上升。2010年1月1日，中国—东盟自由贸易区如期建成，中国与东盟的贸易自由化与投资便利化使得中文双边经贸合作迈入新的阶段。到2015年，中文双边贸易在文莱外贸中所占比为15.75%，其中，中国对文莱出口占文莱进口总额的43.61%，中国成为文莱仅次于马来西亚和新加坡的第三大进口来源国；中国对文莱进口占文莱出口总额的1.53%，排名第11位。2017年5月12日，外交部长王毅在北京会见出席“一带一路国际合作高峰论坛高级别会议”的文莱首相府部长林玉成，共同希望双方在推进“一带一路”建设的框架下进一步加强贸易投资等领域务实合作，这将进一步促进两国经贸关系的发展。

（3）两国多个领域关系扩展，广泛交流合作。两国在民航、卫生、文化、旅游、军事、教育、司法等领域开展了广泛的交流与合作。先后签署了《民用航空运输协定》（1993年）、《卫生合作谅解备忘录》（1996年）、《文化合作谅解备忘录》（1999年）、《中国公民自费赴文旅游实施方案的谅解备忘录》（2000年）、《关于开展军事交流的谅解备忘录》（2003）、《高等教育合作谅解备忘录》（2004年）、《旅游合作谅解备忘录》（2006

① 中华人民共和国外交部官网：《中国同文莱的关系》，http://www.fmprc.gov.cn/web/gjhdq_676201/gj_676203/yz_676205/1206_677004/sbgx_677008/，2018-7-3。

年）等多个文件。其中，2005年6月，两国互免持外交、公务护照人员签证。2016年5月，文莱给予中国公民赴文落地签待遇。2015年，两国人员往来总数约2.2万人次。①

三、文莱旅游业特点及发展现状

（一）文莱旅游资源的特点

1. 自然旅游资源。文莱位于加里曼丹岛北部，亚洲的东南方，北临南中国海，东南西三面与马来西亚的沙捞越州接壤，被沙捞越州的林梦分隔为东西两部分。海岸线长约162公里，有33个岛屿，沿海为平原，内地多山地；属热带雨林气候，炎热多雨，无季节之分，年均气温28摄氏度，全年都比较适合旅游，自然资源得天独厚。文莱国土有3/4被森林覆盖，淡布隆区是文莱境内原始森林的集中地区，区内山峦起伏，绿荫层叠。其中文莱国家森林公园占地面积为48875公顷，游客在公园内可以进行丰富的户外运动。而文莱红树林景区内靠近海湾的地方，几乎全是红树，红树林内生活着大量独特的婆罗洲野生动植物。②

2. 人文旅游资源。文莱是宗教色彩和马来民族传统较浓厚的国家，有其独特的风俗习惯，如今完好保存着风格各异的旧街区和旧建筑，如体现汉文化传统的牛车水街区、佛寺道观、历史陈列馆，体现马来文化传统的马来村、马来王宫，体现印度文化传统的小印度、印度神庙 ，体现伊斯兰文化传统的阿拉伯村和教堂。文莱国教是伊斯兰教，杰米清真寺是文莱首都最大的清真寺，因其蓝色外表又名“蓝色清真寺”，该清真寺共有29个

---

① 中华人民共和国外交部官网：《中国同文莱的关系》，http://www.fmprc.gov.cn/web/gjhdq_676201/gj_676203/yz_676205/1206_677004/sbgx_677008/，2018-7-3。

② 于丽娜著：《悠游文莱》，电子工业出版社，2013。

金色圆顶，被视为文莱的象征。文莱拥有世界上最大最古老的传统水上村落，其位于文莱首都斯里巴加湾市，有“东方威尼斯”美誉。此外斯里巴加湾市的夜市、市集也极负盛名。

（二）文莱旅游业发展现状

旅游业是文莱近年大力发展的领域之一。文莱虽然国土面积狭小，但观光度假业却高度发达，这主要由于国家强力推进和全社会的共同努力，再加上观光度假资源的充分整合以及旅游服务和监管机制的完善。

1.资源整合，形成合力。文莱政府和有关行业协会，一直注重旅游资源的整合，有效形成行业推动力，其整合措施主要有：第一，加入东南亚国家旅游联盟，使国际旅游商团资源得到合理分配；第二，规定本国各类旅游产品的基本配置项目，产品营销者必须严格执行；第三，开辟“黄金旅游项目”，该线路为包含多个主要景区、景点的环绕线路，并配有专线大巴满足散客的不同需求。

2.服务体系完备。文莱已形成“纵到底，横到边”非常完备的观光度假服务体系，游客可毫无顾虑地在境内各处随意休闲度假。其旅游部门在交通要道旁设置多处观光咨询站，分别配以中、英、日、韩、法等文字刊印的导游图和景点资料图册，并有工作人员随时向游客提供咨询服务。各酒店和休闲娱乐场所均设有咨询服务台，配有同样的资料图册，为游客提供尽可能详尽的信息服务。

四、中国对文莱旅游外交构想

（一）中国对文莱旅游外交的战略意义

近年来，旅游从外交边缘走向外交前沿，对我国政治具有重要意义。首先，推动中文两国旅游外交，有助于维护中国国家安全。中国与文莱隔海相望，在南海问题上，文莱一向主张反对诉诸武力，提倡与周边合作维护海域安全。因此，实施对文旅游外交，有助于深化两国友谊，促进两国稳定的合作关系，对中文两国在面对南海复杂的形势中能够始终保持协商解决，共同维护南海地区的和平稳定具有重要意义。其次，推动中文两国旅游外交，对我国国家形象的塑造和传播具有重要作用。旅游已成为发出中国声音、讲好中国故事、向世界展示中国形象的重要平台。近年来，随着中国旅游产业实力的不断增强，积极举办具有自身文化特色的主题旅游活动，在国际社会上塑造了良好的国家形象。中国对文莱旅游外交，能够深化中文两国的交流与合作，增加两国政府的信任度，促进两国民间企业和民间团体深入开展交流与合作，对展示中国人民友好和谐的美好形象和树立中国友好负责和值得信赖的大国形象意义非凡。此外，推动中文两国旅游外交，对促进“一带一路”倡议的实施，推动“中国 — 东盟命运共同体”构建同样具有重要促进作用。

（二）中国对文莱旅游外交的战略定位与政策理念

中文关系是在东盟框架下建立起来的双边关系。文莱由于国小且独立晚，在加入东盟后其对外交往必须与东盟框架保持一致，对东盟的组织依赖性较强。[①]因此，中国对文莱旅游外交战略必须考虑中国 — 东盟外交旅游战略定位。在经济全球化和区域一体化深入发展的今天，秉承双方睦邻友好和互利合作的战略方针，既符合双方利益的共同选择，也符合谋和平、求发展、促合作的时代要求。

（三）中国对文莱旅游外交的实施途径

（1）调整投资与贸易结构：中国是文莱第三大进口来源国，仅次于马来西亚和新加坡，然而中国自文莱进口仅占文莱出口总额的 1.53%，在

① 罗满秀，汤希：《论中国与文莱关系特点及前景》，（湖南省哲学社会科学基金项目），2009-3-13。

文莱出口贸易中排名第11。[①]尤其是中国对文莱FDI数量仍然极为有限，2015年投资金额仅为959万美元，极大地制约了双边贸易合作的发展范围与潜力。在未来双边经贸合作中，两国应增强相互投资，开拓中间产品与制造业产品贸易合作，提高产业内贸易比重。文莱要充分把握好中国经济转型的机会，发挥中国—东盟自由贸易区对两国经济合作的促进优势，为两国经济合作创造条件。泛北部湾经济合作区与“文莱—广西经济走廊”都是有中文两国参与，以中国广西为基地，以加强基础设施建设、加强经济文化合作、加强产业分工对接、开展相互投资贸易为目标的区域经济合作组织，这几项发展目标完全符合中文两国开展经贸合作的要求，双方要利用好这两个合作平台，在合作中寻求更好的发展机遇。文莱作为“21世纪海上丝绸之路”沿线的重要国家，可以充分参与到该项目的建设当中去，为其经济发展以及中文两国经济合作创造新的发展机遇。

同时，文莱标准化机构参与国际标准化活动不多，也很少与我国开展标准化交流活动，我们对文莱标准化实际状况难以得到更深层次的了解，随着“一带一路”建设的推进，我国与文莱的标准化合作势在必行，我们应该主动与文莱标准化机构加强互动交流，积极推进两国标准的互认和融合。加强对文莱各项产品进口认证体系的研究，建立与之相配套的管理协调机制，增进双方交流，通过协商尽量采用相同的产品认证体系。发展贸易平台多元化，利用网络电子商务平台开拓文莱市场，降低交易成本，减少贸易阻碍。

（2）开展旅游组织合作、培育合资企业。2012年3月，上海市旅游局局长道书明表示，上海和文莱应该进一步加强旅游合作和民间交流，可以通过互派业内及媒体代表团、组织路演等形式促进客源互送，共同发展各

---

① 郑国富:《“一带一路”建设背景下中国与文莱双边贸易合作发展的提升路径》,《东南亚纵横 AROUND SOUTHEAST ASIA》，2016-4。

自的旅游业。[1]2016年9月，由文莱工业与初级资源部主办的“文莱国家推介会”在南宁举行，会议以文莱投资项目、旅游资源介绍为主要内容，重点推介“文莱 — 广西经济走廊”“文莱生物创新走廊”和“文莱特色医疗旅游”项目。在文莱，许多大型企业基本都为文莱与西方发达国家合资建立，它们控制着国民经济的命脉，左右着经济发展方向，对国家进出口贸易也有很大的影响。中文两国共同出资，培育出符合两国发展利益的合资企业可以加强两国经贸交流，增强信息沟通，促进经贸合作。为此，双方需要在充分交流，获取大量准确信息的基础上，建立起符合双方利益发展的合资企业，可以通过互派使团往来、利用中国 — 东盟博览会、中国 — 东盟商务与投资峰会等平台积极交流，探讨可能开展合作的领域和途径。利用双方经济发展战略规划和经济转型的契机，结合对方特点、发挥自身优势成立合资企业。此外，双方政府要对这一环节高度重视，尽可能多地提供投资信息，对于双方合资企业给予一定的补贴和政策上的优惠。当前文莱中小企业主要为华人企业，这是中文两国开展经贸合作，培育合资企业的良好基础，双方可以共同协商，通过筛选，扶植有发展潜力的中小企业，更好地培育合资企业。

（3）构建旅游友好城市，加强基础交通设施建设。目前，中国公司已与文莱签订了新淡布隆旅游城市、穆阿拉旅游岛（自由贸易区）、东盟清真中枢三个项目，未来还将建造横贯婆罗洲周边国家的铁路、跨婆罗洲客车交通路线系统以及文莱低成本航空公司。[2] 2018年5月18日由中国港湾工程有限责任公司（简称“中国港湾”）承建、中交公规院设计、中交二航局施工的文莱大摩拉岛大桥竣工。大桥的建成使大摩拉岛告别无桥梁连

① 上海市旅游局:《上海市加强与文莱旅游合作》，http://lyw.sh.gov.cn/lyj_website/HTML/DefaultSite/portal/index/index.htm，2017-8-4。

② 搜狐网:《2017中国-文莱产业投资合作座谈会在北京举行》，http://www.sohu.com/a/141544335_611223，2017-05-18。

接文莱大陆的历史，对文莱城市发展以及大摩拉岛石油和天然气开发将起到促进作用。[①]交通便利极大地促进货物贸易的往来，“经济走廊”是中文两国合作重要的基础。中文两国采用了“一港双园三种养”的措施。双方就运输、渔业、食品加工、旅游等领域12个项目达成合作意向。须积极快速落实交通物流的合作项目的落成，依靠“一带一路”建设，推动两国之间的交通基础设施建设。文莱油气资源丰富，且正在减少单一的油气直接出口，不断促进油气深加工领域的发展；文莱可充分利用中国的相关科学技术、进口工业制成品、利用中国广阔的市场以及土地、资金等来发展本国经济。而中国可以从文莱大量进口石油、天然气以及油气副产品等，满足经济快速发展之需。通过这样的经济合作可以有效地建立起依托型经济关系，从更深层次促进两国城市间经贸合作。更重要的是文莱作为东盟成员国以及南海利益声索国，争取文莱在南海问题上对中国的支持十分必要。通过加强双方各产业部门的合作，不仅可以建设依托型经济关系，还可以起到以经济合作促进政治发展的作用，对两国总体关系发展将产生深远影响。

（4）加强旅游文化交流。中国与文莱在双方建设、旅游文化交流方面更多的是依赖中国—东盟的大框架进行。中国—东盟中心正大力搭建中国—东盟旅游合作平台，通过多种形式推介中国和东盟的优质旅游资源，促进双方旅游机构对接，推动旅游产品的创新。[②]同时加强人才文化交流建设，一方面，文莱要派遣留学生及相关人员赴中国学习交流，学习先进的科学知识和技术；另一方面，要派遣政府官员、学术界人士等来华交流学习办学理念、办学方式，争取从中方引进人才，提升文莱本土大学的综

① 向楠，李昕聪：《中国港湾承建的文莱首座跨海大桥竣工》，《建筑》，2018年第11期。

② 钟建珊：《中国—东盟共搭平台力促区域旅游合作 共拓“美丽经济”》，www.chinanews.com，2017-07-30。

合水平和科研实力。

五、中国发展文莱旅游外交的展望

（一）中国与文莱旅游外交关系的挑战

1. 外部因素

南海问题争端日益复杂化。近年来，随着美国战略重心转向亚太地区，推出“亚太再平衡”并开始“强势介入”南海问题，南海问题一度扩大化、复杂化、困难化。

非传统安全威胁严重。南海周边国家宗教极端势力和地方武装力量与政府间的冲突日益加深，加之国际恐怖主义势力猖獗，使得南海地区的偷渡、走私、海盗等跨国犯罪、海上恐怖主义、极端宗教主义等非传统安全威胁不断凸显，严重危害海上航道安全和地区和平稳定，对赴文莱旅游的游客人身安全带来威胁。

与周边国家客源竞争激烈。2016年，中国是越南、柬埔寨最大的客源市场，是新加坡和泰国的第二大客源市场，是马来西亚的第三大客源市场。因此，文莱在与周边国家竞争中国旅游客源上存在很大的挑战。[①]

2. 文莱方面因素

旅游产品有待进一步优化。文莱的旅游资源主要围绕“伊斯兰文化、原始雨林和文莱皇室”这三大类型，大都属于观光型产品，且多集中在首都；酒店数量较少，接待能力稍显不足，缺少大型商场及娱乐场所，无法满足游客的购娱需求，无法最大化旅游经济效益。

旅游品牌宣传不足。文莱对旅游品牌的宣传不足，甚至部分游客都不

---

① 徐万佳:《让旅游成为中国与东盟国家合作的“新支柱”》,《中国旅游报》，2017-03-15。

知道有文莱这个国家。文莱是东南亚第一个施行“伊斯兰教法”的国家。文莱政府禁止国民庆祝西方的圣诞节和中国的农历新年，对文莱的旅游业发展造成一定的影响。

3. 双方共同因素

中文两地经济规模量级不同，加之两国法律体系、政治制度不同，因而必然影响到双方贸易。此外，两国经济活动和流程的不透明性也易形成贸易壁垒。比如港口运输的术语是否统一、边境口岸的电子口岸建设是否完善、沿线各国海关检验检疫查验标准和程序是否统一、是否开展互认实现“单一窗口”和“一站式通关”等。

（二）中国与文莱旅游外交关系的发展前景

1. 战略对接促进中文双方开展旅游外交

2016年首届世界旅游大会上，中方倡导的“一带一路”旅游合作等倡议第一次在国际旅游舞台上发声，获广泛认同。随后国务院发布的《“十三五”旅游发展规划》中明确提出实施旅游外交战略，开展“一带一路”国际旅游合作，加强与沿线国家旅游投资互惠合作，推动海上丝绸之路邮轮旅游合作，联合打造国际旅游精品线路，提升“一带一路”旅游品牌的知名度和影响力。而文莱“2035宏愿”战略的本质是通过扩大对外合作改变文莱经济增长的固有模式，培育经济新增长点，重点加快旅游业等促进国内经济多元化。中国和文莱两国通过旅游外交战略对接从根本上符合两国的国家利益。2016年10月21日，首次中国 — 东盟旅游部门会议在广西桂林召开，双方均表示，进一步加强合作市场宣传、产品开发、旅游投资、人才培训、服务质量、互联互通，为高质量地实现“2020年，中国 — 东盟双向交流达3000万人次”的宏伟目标做出更大贡献。

2. 持续促进两国经济增长

中文两国在经济上具有较强的互补性，中国在人力资源、市场、技术方面具有优势，文莱资金雄厚、油气资源丰富，两国经贸领域的合作对于促进两国经济持续发展具有重要的推动作用。

随着中国“一带一路”倡议进入实质性全面启动阶段，中文经贸关系在保持双边经贸互利合作稳步发展的同时，又增加了多边经贸合作的途径和平台。中国—东盟自由贸易区合作“升级”务实推进，为中文两国经济可持续发展及双边战略升级创造了新机遇、新平台。秉承两国友好合作传统，增进政治与战略互信，立足两国资源禀赋和产业优势，培植和拓展两国民间合作根基，中文双边贸易合作发展潜力巨大，前景看好。

3. 实现旅游资源互补，落实“一带一路”倡议

中国地大物博，民族众多，文化源远流长，无论是自然资源、民族特色旅游资源还是历史文化旅游资源都相当丰富。文莱旅游资源独特，主要围绕着“自然资源、伊斯兰文化、文莱皇家”三方面。因此，两国之间旅游资源互补的空间广阔。

“一带一路”倡议的核心是实现政策沟通、设施联通、贸易畅通、资金融通、民心相通的“五通”。中国政府倡导的“一带一路”建设和国际产能合作得到了文莱政府及其社会各界的积极响应与热诚参与。中文两国之间的战略对接可以打造合作典范，为中国和更多的沿线国合作产生“示范作用”。未来，在中文两国已有的合作基础上，妥善处理两国的海洋纠纷，共同应对地区贸易模式的转变，同时化解文莱国内政治的不利因素，两国之间的战略对接和合作必将达到新的高度。①

① 马博:《文莱“2035宏愿”与“一带一路”的战略对接研究》,《南洋问题研究》，2017年第1版，第62—73页。

中国发展马来西亚旅游外交战略思想与有效路径

李玥①

摘要： 马来西亚位于东南亚的核心地带，为区域内的经济发展和政治稳定做出了巨大贡献。中国维护好与马来西亚的友好关系，将直接对我国减少边境冲突，稳定周边局势，开展与东盟国家的区域合作起到促进作用。因此，中国要深入了解中马两国旅游外交中存在的诸多症结，力求从政府、民间、经济、社会等多主体多层面来巩固两国关系的友好发展。尽管目前中马旅游外交中的威胁与困境不可小觑，但两国也在不断深入合作中，实现了多领域的互利共赢，只要双方沉着应对挑战，把握住历史性的发展机遇，激发旅游外交内在的巨大潜力，两国也必将向着更加和平和谐的方向稳步迈进。

关键词： 马来西亚；旅游外交；外交战略

① 李玥，浙江大学管理学院博士，研究方向为旅游管理。

China's Development of Malaysia's Tourism Diplomatic Thought and Effective Path

LI Yue

Abstract: Malaysia is located in the core of Southeast Asia, making great contribution to economic development and political stability in the region. China' s friendly relations with Malaysia will directly reduce border conflicts, stabilize the surrounding situation, and play a positive role in promoting regional cooperation with ASEAN countries. Therefore, China should thoroughly understand the many cruxes in the tourism diplomacy between China and Malaysia, and strive to consolidate the friendly development of bilateral relations from the multi–faceted government, civil society, economy, and society. Although the current threats and predicaments in China–Malaysia tourism diplomacy cannot be underestimated, the two countries are also in deep cooperation and have achieved mutual benefit and win–win in many fields. As long as the two sides calmly cope with the challenges, grasp the historic development opportunities and stimulate tourism. With the enormous potential inherent in diplomacy, the two countries will surely move steadily toward a more peaceful and harmonious direction.

Key words: Malaysia; Tourism diplomacy; Diplomatic strategy

马来西亚的地理位置十分优越，是前往中东、澳新以及进入东盟市场的重要通道，历史上曾被多次占领和殖民统治。如今，其承担着东盟创始成员国的重要职责，重视地区安全合作，与其他东盟国家在重大国际地区问题上相互协调立场，并保持关系密切，高层互访频繁，为区域内的经济发展和政治稳定做出巨大贡献。[①]因此，中国维护好与马来西亚的友好关系，将直接对我国减少边境冲突，稳定周边局势，开展与东盟国家的区域合作起到积极的促进作用。同时，马来西亚也成为东盟中第一个与中国建交的国家，中马双方相互支持，相互尊重，共同经受住建交40多年的重重考验。尤其是近年来，两国不断加深旅游合作交流的程度，政府层面积极支持，互利互惠，企业层面相互借鉴，合作共赢，民众层面不断深化友谊，共同为双方的旅游业发展做出努力。中国已成为马来西亚第三大游客来源国，马来西亚民众也成为我国重要的入境游客。因而在此基础上实施旅游外交对深化双边友好关系将产生更为深远的影响，中国也将通过马来西亚独特的地缘政治地位，进一步加深与东南亚国家的合作交流，从而以此为突破口不断扩大中国人的国际活动空间，增添我国旅游外交的分量。同时，借旅游外交推动我国经济、文化等全方位进步，将有力地促进中国和平外交的战略部署，使之成为我国加快对外开放与全球化进程的有效形式，更加凸显旅游外交的战略地位与意义。

我国发展旅游事业的最初目的是为国家外交服务，具有很强的政治特色。[②]杨公素（1994）在《回忆“文革”时期的旅游外交》中就指出当时旅游业发展主要为政治服务的时代特征。直到改革开放后，旅游业逐渐展现出巨大的经济力量和综合效益，才更多地发挥出其他社会功能。尽管如此，我国早期关于旅游外交的研究成果十分稀缺，梅毅在《旅游外交：我国旅游产业发展新取向》和《旅游外交与中国和平发展》中，梳理了新时期以来旅游业的崭新发展与旅游外交对国家整体外交的促进作用。2015年，全国旅游工作会议期间，国家旅游局正式提出“旅游外交”的概念，并同时宣布了“515”战略，要求旅游业主动作为，服务国家整体外交，努力

① 丁雄，江海燕：《东南亚国家概况》，北京希望电子出版社，2015。

② 邹统钎，胡莹：《旅游外交与国家形象传播》，《对外传播》，2016年第5期，第22页。

开创旅游对外开放新局面。[1]2016年12月7日，国务院印发《“十三五”旅游业发展规划》，其中明确提出实施旅游外交战略，并提出一系列指导方向。之后，胡敏等分析了新型国际关系与旅游外交中心理认同的因素，并提出旅游外交的多重组合方案。邹统钎，胡莹具体阐述了旅游外交作为国家形象的重要传播手段，所具有的输出文化软实力、加大国际政治筹码等功能。夏雪对旅游外交民众性、交流性、友好性、宣传性、政治性的特点做了详细的说明，进而分析旅游外交对于提升国家形象、加强经济联系、增进中外民间友好的重要意义。综合看来，虽然近年来关于旅游外交性质、定位和指导意义等的研究议题逐渐丰富发展起来，但旅游外交的整体研究工作依旧处于基础的探索状态，关于旅游外交的实证分析以及问题发现和措施解决还十分薄弱。

中国实施“一带一路”倡议，需要旅游外交的推波助力，以此来加强与“一带一路”沿线国家的交流与合作，同时也通过旅游外交来应对各国政治经济环境差异带来的不稳定状态和不可避免的威胁挑战。本文通过对中马两国具体情况的探讨，提出中国发展马来西亚旅游外交的战略构想，力求更加全面地应对中马旅游外交中的威胁与困境，并提供中国开展与“一带一路”沿线其他国家的旅游外交的重要经验。

一、马来西亚外交环境的特点

（一）地理和人口的独特性

作为“一带一路”沿线上重要的国家之一，马来西亚的地理和人口要素具有区别于其他地区的鲜明独特性。一方面，马来西亚是国际交通、贸易的重要通道，扼守着素有“东方直布罗陀”“远东十字路口”之称的马

① 王兴斌：《让“旅游外交”成一大亮点》，《中国旅游报》，2015-05-25。

六甲海峡，年均世界海运货物总量的1/4 — 1/3从此经过，拥有着绝对的战略地位。[①]另一方面，马来西亚在东南亚虽属于地广人稀的国家，但其人口构成和人口分布却具有多元性。人口基数小、增长缓慢是奠定这一基调的主要原因，此外，由于地形气候因素，其自身国土也被中国南海分为西马和东马两部分，全国80%的人口都集中在西马，而西马75%的人口又集中在资源充足、土地肥沃的西海岸地区，土地开发和人口分布十分不均。[②]马来西亚统计局2018年数据显示，马来西亚总人口3204.25万，族群众多，城乡比例悬殊。土著（马来人及原住民）、华裔、印裔占比较大，和其他人口与非国民共同丰富着马来西亚的人口构成。近10年来，马来西亚城乡人口的比重差距却不断拉大，2015年，马来西亚农村人口为767万人，城镇人口为2266万人，分别占总人口的25.29%和74.71%。[③]

独特的地理位置、丰富但不均匀的资源条件以及多元化的人口特征，都为马来西亚在区域内的快速发展和文化的形成奠定了基础，但同时也加大了自身政治经济环境的不稳定性。因此，独特的地理位置优势和丰富的资源条件成了马来西亚的巨大吸引点，引发了世界各国各地区对发展与马来西亚外交关系的重视，形成了马来西亚良好的外交优势；但同时其特殊的地理位置与外部环境也迫使马来西亚需要谨慎处理好与东盟国家、东亚地区及世界大国的关系，以维持自身良好的外交关系；并且马来西亚人种众多、民族繁杂、宗教交汇，其也不得不重视自身的内部环境复杂性，处理好与伊斯兰世界的外交关系，力求在平衡外交中得到稳定发展。

① 史春林、史凯册：《马六甲海峡安全问题与中国战略对策》，《新东方》，2014年第2期，第6页。

② 谢寿光：《文化中行：“一带一路”国别文化手册 —— 马来西亚》，社会科学文献出版社，2016。

③ 李敬，陈容：《“一带一路”相关国家贸易投资关系研究 —— 东南亚十一国》，经济日报出版社，2017。

（二）历史与文化背景的多样性

马来西亚悠久的历史孕育了其丰富多彩的文化，而极具特色的文化也同时印证了马来西亚沧桑的历史岁月。特殊的地理环境、民族构成的复杂以及历史政权的变迁，都成为其文化与历史多样性的主要根源。作为亚洲和大洋州两大洲与印度洋和太平洋的重要纽带，马来西亚很难保持文化的独立性，自古以来就受到外来文化的影响与挑战。其在印度文化时代就接受了中国商人带来的器皿和农作物以及印度人带来的宗教和制度，极早地受到中印两国文化的影响。随着后来东西方国际贸易的不断增多，马来半岛成为当时的国际贸易中心，西方文化和阿拉伯伊斯兰文化又对马来西亚产生了潜移默化的影响，尤其随着近代殖民入侵的不断扩大，西方文化影响渐深。与此同时，东西方文明的碰撞也使马来西亚成了多民族的聚居地，各自相异的宗教文化、语言文字、生活方式、风俗习惯和价值观念都在同一片土地上扎根发芽。马来人、华人、印度人成为马来西亚的三大族群，而土著少数民族、欧裔和欧亚混血人等也成为马来西亚社会常见的风貌。各种文化相互吸收、相互补充，既保持着自身的独特性，又共同体现出马来西亚文化的开放性与包容性，形成了多元共存、和而不同的文化格局。马来西亚还一度被国际社会赞誉为“族群和谐的典范”，于2001年获得世界少数民族联盟颁发的“首届国际少数民族和谐奖”。[①]并且随着“一个马来西亚”施政理念的逐步深化，民族情绪和种族矛盾将进一步得到缓和，马来西亚的历史与文化将朝着更加丰富斑斓而和谐稳定的态势发展。

也因此，马来西亚外交随着历史与文化背景的多样性，呈现出时间与空间上的复杂多变性。首先，在时间上，马来西亚于拉赫曼执政时期（1957—1970），一直将外交重点放在以英美为主的西方国家中，并保持与英美的密切关系，而疏远甚至敌对以中国为代表的社会主义国家。直到

① 唐慧，龚晓辉：《马来西亚文化概论》，世界图书出版公司，2015。

拉扎克与侯赛因执政时期（1971 — 1981），马来西亚虽和英美继续保持经济政治上的密切来往，但逐渐放弃了向西方“一边倒”的政策，开始与包括社会主义国家在内的世界其他组织与国家建立广泛外交关系。从马哈蒂尔1981年执政至今，马来西亚进一步拉开与英美的距离，将外交战略放至东亚，并全方位发展与各国的友好关系，真正地提高国际地位与影响力。在空间上，马来西亚形成了以东亚地区为核心层、大国为中间层、伊斯兰世界为最外层的三层外交格局。[①]其不仅积极发挥东盟创始国的巨大作用，参与并推动了东南亚联盟（ASA）、马菲印尼合作组织（MAPHILINDO）及东盟（ASEAN）的建设，同时注重与美国、俄罗斯、英国、印度、澳大利亚等世界大国的平衡外交关系，加强经济贸易等方面的合作交流，并在伊斯兰世界的发展和问题处理中发挥一定的积极作用，最终实现马来西亚自身的外交利益。

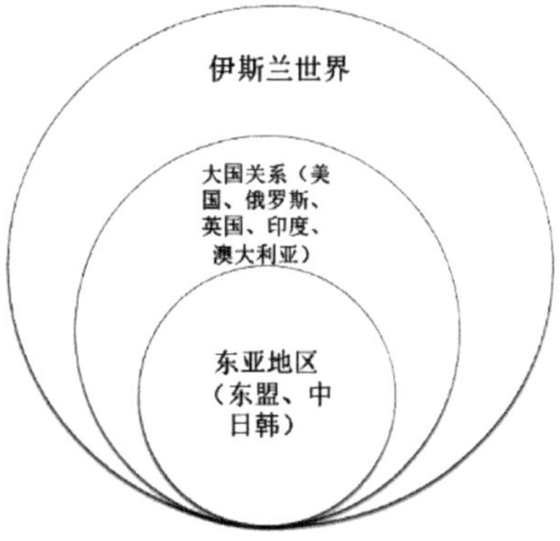

图1　马来西亚外交格局

① 骆永昆：《浅析马来西亚外交战略的发展及其特点》，《和平与发展》，2013年第10期，第101–105页。

（三）政治和经济发展水平的不平衡性

马来西亚素来有“亚洲四小虎”之称，经济发展十分迅速，是东南亚乃至亚洲的新兴多元化经济体。其拥有强劲的经济基本面，呈现出经常账户盈余、低失业率、高储蓄率和相对较低的外债等特征。①早在20世纪70年代以前，马来西亚就凭借着丰富的自然资源，走农业主导道路，依赖初级产品出口。20世纪70年代之后，又通过不断的结构调整来促进产业升级，大力推行出口导向性经济，已成为世界最大的棕油及相关制品的生产国和出口国。②加之近年来在电子业、服务业等新兴产业方面的快速发展，马来西亚人均GDP已近一万美元，并且极有可能实现其“2020宏愿”，将自身建设成发达的现代工业化国家。虽然马来西亚的经济发展迅速，但其社会政治发展却出现诸多问题。在马来亚联邦成立之时，政府就确认了马来人的特权地位，后来又在宪法上规定了马来人的各项特殊权力，这使华人等其他少数族裔极为不安。马来西亚独立后，强化马来人的支配地位，带有种族歧视色彩的霸权政策更是在社会经济、教育、文化等方面体现得淋漓尽致。③随着社会的进一步发展，华人对马来西亚的经济贡献与日俱增，其政治诉求愈发强烈，特别是中产阶层的华人要求更多地参政议政，力求打破马来人优先的种族歧视政策。不仅如此，马来西亚城乡政治分野的现象也十分突出，长期以来，政治格局形成了农村选民支持国阵、城市选民支持反对党的状态。④

政治与经济发展的不平衡性成为马来西亚的重要社会问题，也成为其

---

① 张丽娇：《马来西亚当前经济困境及前景分析》，《现代经济信息》，2017年第12期，第6页。

② 范淑苹：《东南亚政治与经济概论》，北京：中国商务出版社，2017年版，第123-124页。

③ 陈元中：《东南亚政治制度》，桂林：广西师范大学出版社，2012年版，第164页。

④ 谢寿光：《文化中行：“一带一路”国别文化手册——马来西亚》，社会科学文献出版社，2016，第39页。

进一步稳定社会秩序、增强综合实力的巨大阻碍。但同时，这也使得马来西亚近年来高度重视经济外交。其先后积极响应美国推动的“跨太平洋经济战略伙伴协定”（TPP），又与英国、澳大利亚、印度等国签订自贸协议，不断加强贸易合作，还成为中国在东盟国家中最大的贸易伙伴。①马来西亚力求通过经济合作，互惠互利，来与各贸易国保持密切的关系，进而促进自身发展和保证外交环境的安全。

二、中国与马来西亚关系的发展

（一）中国与马来西亚地区关系发展的简要回顾

中国与马来西亚有着2000多年的友好交往历史。马来西亚的多次文物出土以及双方的文献考证均可说明两国交往的长度与厚度。据《明史》记载，马六甲遣使来中国共22次，其中，国王亲自率使团来访也有五次，规模达数百人，这在中国与东南亚国家关系史上是鲜有的。②不仅如此，明朝皇帝远嫁汉丽宝公主，同时数次派遣使者。郑和七次下西洋，曾六次来到马六甲王国都受到热情的接待，后来当地人民为纪念郑和，命名和修建了“三宝井”“三宝洞”和“三宝庙”等，都是两国友好交往历史的见证。③与此同时，中国与马六甲王国彼此互通药材、器物、耕种工具和航海技术等，促进了两国间经济文化的交流，为海上丝绸之路的发展增加了动力。到20世纪中期，中华人民共和国和马来亚联合邦先后宣布成立，但由于冷战和现实条件的诸多影响，两国未能实现关系正常化，只保持着民间的贸易交流。尤其在1957年，马来亚先后拒绝了中国国家领导人的建交

---

① 骆永昆：《浅析马来西亚外交战略的发展及其特点》，《和平与发展》，2013年第10期，第101–105页。

② 朱振明：《中国与马来西亚关系史概述》，《东南亚》，1994年第4期，第41–42页。

③ 丁雄，江海燕：《东南亚国家概况》，北京希望电子出版社，2015，第174页。

邀请，并在同年召开的联合国代表大会上坚决反对中华人民共和国恢复在联合国的合法席位，一度视中国为最大的威胁与敌人。20世纪70年代，国际形势发生巨大改变，中马两国才结束敌对状态，于1974年5月31日正式建立外交关系。但建交初期，两国在各领域交流发展缓慢，双边贸易额低下，直到 1984 年马来西亚仍然把中国看作一个威胁并发出中国将实施霸权政策的警告。①随着“冷战”结束和国际关系的巨大变化，进入90年代后，马来西亚逐渐增强对中国的信任，双方在多领域展开全面交流合作，关系十分密切。如今中马关系也将在两国政府和人民共同努力下，谱写新的篇章。

（二）中国与马来西亚地区多种形式的合作关系

1. 双边政府合作

中马两国于1974年5月31日正式建立外交关系，自此为双方的深化合作奠定了坚实的基础。1999年，两国政府签署了关于未来双边合作发展方向的联合声明。2004年，双方隆重庆祝了中马建交30周年暨“中马友好年”，并就发展中马战略性合作达成共识。2013年，两国建立全面战略伙伴关系。同时，自建交以来，两国高层互访和接触十分频繁，就政治经贸、文化旅游、地区安全等领域签署了多份重要文件，不断加强两国间的合作交流，促进彼此间的相互了解。2016年11月，两国签署了《中华人民共和国和马来西亚联合新闻声明》，马来西亚高度重视其作为中国政府提出的“一带一路”倡议沿线重要国家的地位，双方也将继续深化经贸、旅游、地区安全等方面的合作，为进一步提升和强化中马全面战略伙伴关系做出努力。②

---

① 宋正海:《东方蓝色海洋文化》，广东教育出版社，1995。

② 中华人民共和国外交部官网：http：//www.fmprc.gov.cn，2017-04-23。

2. 经贸合作

中马两国的经贸合作有着深厚的历史基础，并随着全面战略伙伴关系的不断加强，双方经济贸易成果显著。近十年来，两国的进出口额虽增幅不定，但总体持续增长，发展态势良好，年贸易额多次超千亿美元。根据中马2013—2017年经贸合作五年规划，至2017年，中马双方贸易额将达到1600亿美元。[①]两国还就经贸合作签订了数十项协议，成立双边经贸联委会和双边商业理事会。截至2016年8月，马来西亚实际对华投资74.2亿美元，中国对马来西亚非金融类投资27.2亿美元。[②]中国已连续8年成为马来西亚最大贸易伙伴，马来西亚也是中国在东盟国家中最大的贸易伙伴。[③]在金融方面，双方逐年加大合作力度，两国央行和其他主要银行积极交流合作，采取互设分行、签署双边货币互换协议、设立代表处等一系列举措，互利互惠，共同进步。

表1　2008—2015年中国对马来西亚出口额及增长率[④]

年份	2008	2009	2010	2011	2012	2013	2014	2015
出口额/亿美元	214.55	196.32	238.02	278.86	365.26	495.31	463.55	441.92
增长率/%	20.91	-8.50	21.24	17.16	30.98	25.75	0.92	-4.67

① 谢寿光：《文化中行："一带一路"国别文化手册——马来西亚》，社会科学文献出版社，2016，第100页。

② 中华人民共和国外交部官网：http：//www.fmprc.gov.cn，2016-11-02。

③ 丁雄，江海燕：《东南亚国家概况》，北京希望电子出版社，2015，第192-193页。

④ 李敬，陈容：《"一带一路"相关国家贸易投资关系研究——东南亚十一国》，经济日报出版社，2017，第78页。

表 2 2008—2015 年中国对马来西亚进口额及增长率①

年份	2008	2009	2010	2011	2012	2013	2014	2015
进口额/亿美元	321.01	323.31	504.30	621.37	583.05	601.53	556.54	532.58
增长率/%	11.76	0.71	55.98	23.21	–6.17	3.17	–7.48	–4.31

3. 党际交往

马来西亚执政联盟国民阵线成员党派长期以来重视发展与中国共产党的关系，早在1994年9月，马来西亚国民阵线代表团访华之际，就与中国共产党建立了正式关系。其中，马来民族统一机构即巫统，是东南亚国家执政党中较早与我党建立党际关系的党派，从1996年起，巫统每年均邀请中共代表参加其年度党代会，并于2010年至2016年连续六年派干部考察团访华，同时也多次接待我党考察团访马，双方在多边场合更是保持友好合作，在国际政党的重大会议上互派代表出席，以表支持。而马来西亚华人公会作为最大的华人政党，自2003年其总秘书陈祖排率团访华后，就与我党关系日益密切。尤其是2015年，双方交流频繁，5月，马华公会总会长、交通部长廖中莱率该党中央领导集体访华，7月率马华公会企业家代表团来京出席中联部举办的“一带一路”中马工商界经贸对话会，10月再率代表团出席亚洲政党丝绸之路专题会议，同时参加习近平总书记集体会见。②

① 李敬、陈容:《“一带一路”相关国家贸易投资关系研究 —— 东南亚十一国》，经济日报出版社，2017，第80页。

② 郭业洲:《“一带一路”沿线国家及重要政党概览》，党建读物出版社，2017，第149-152页。

三、马来西亚旅游业发展现状与特点

（一）马来西亚旅游资源特点

1. 丰富的自然旅游资源

（1）独特的山地景观

山地众多、地势崎岖是马来西亚的主要地貌特点。西马地势北高南低，山脉由北向南直通，将马来半岛分成东海岸和西海岸两部分。东马的山峰多在海拔2000米左右，基纳巴卢山海拔4101米，为马来西亚的最高峰。其中，由7座山丘组成的费雷泽山海拔1524米，加之海洋气候的影响，这里清晨夜晚浓雾弥漫，与英国的乡村风情颇为相似，使其成为马来西亚美丽的高原度假区之一。[①]除此之外，可以俯瞰槟城全景的升旗山、历史文化深厚的三宝山以及充满神秘色彩的神山等等，都是马来西亚著名的山地景观。

（2）多彩的动植物资源

终年高温多雨的热带海洋性气候与复杂多样的地形条件，促成了马来西亚极为丰富的物种资源，其不但成为当今世界上森林覆盖率极高的国家之一，还被列为世界上12个最大的生物多元化国家之一。热带雨林占全国总面积的3/4，同时号称“花王”的莱佛士花也诞生于马来西亚，盛产的各类兰花更成为马来西亚重要的出口产品。除此之外，马来西亚丰富的动物资源也是世界其他地区少有的，仅野生动物的种类就超过300种，还有286种哺乳动物，700多种鸟类，超过500种的爬虫，3000多种鱼类和165种两栖类等等。尤其是2000多种蝴蝶，美丽至极，与兰花、马来西亚猿共同誉

① 王越：《环球国家地理百科全书 —— 亚洲2》，北京：北京联合出版公司，2015年版，第63页。

为马来西亚“三宝”。①

（3）美丽的水域海岛资源

马来西亚水域广阔，河流众多。霹雳河为半岛西侧最长河流，约350千米，其上游建有东南亚最大的明歌水坝和著名的珍德罗水坝。彭亨河是东侧最长河流，同时也是半岛最大的河流，全长434千米。而沙砂的河流不仅数量众多，而且水深量大，通航价值极高，马来西亚第一大河拉让河以及最宽的河流卢帕河均位于此。同时，马来西亚海岸还有很多火成岩小岛，部分岛屿附近有丰富的石油与天然气。最为迷人的则是已被马来西亚政府列为海洋公园保护区的热浪岛，500余种色彩缤纷的珊瑚礁在其海底生长，超过1000种双壳类生物和3000种鱼类使其海域环境更为丰富，吸引世界各地的游客前往。②

2. 灿烂的人文旅游资源

（1）历史名胜古迹

马来西亚地理优越，历史悠久，留下了众多政治经济、文化科学交流碰撞的遗迹与古城。其中，马六甲是马来西亚最古老的城市，作为曾经东西方贸易的枢纽和伊斯兰教的传播中心，至今已有600多年的历史，并且拥有许多象征中国和马来西亚友好往来的古迹。因郑和七下西洋，多次驻足马六甲，此地便留下了一系列为纪念郑和而命名或修建的古迹。同时，因西方文化而留下的马六甲荷兰红屋、教堂和圣保罗山等，也足以验证马来西亚文化之交融，名胜之丰富。

（2）现代建筑设施

马来西亚的现代建筑多集中在首都吉隆坡，市内黄金地段上的双子

① 谢寿光:《文化中行:“一带一路”国别文化手册 —— 马来西亚》，社会科学文献出版社，2016，第54-55页。

② 丁雄，江海燕:《东南亚国家概况》，北京希望电子出版社，2015，第178页。

塔，是吉隆坡城最重要的标志性建筑，也是马来西亚的标志之一。该塔由美国建筑设计师凯撒·佩里设计，曾为世界第一高楼，是一座集办公、购物、休闲、娱乐为一体的综合性大楼。此外，蜚声国际的云顶娱乐城、现代科技与传统风格巧妙结合的天后宫及城中城建筑群中的东方文华大酒店等，都是马来西亚别具一格的现代元素。

（3）多民族宗教文化

交通枢纽的地理位置、山川海洋的自然分割以及复杂多样的地形地貌使马来西亚文化的形成和发展呈现出多元多彩又和睦共存的特点。30多个民族及丰富的宗教元素组合成的印度文化、中华文化、伊斯兰文化和西方文化相融相生，构成了马来西亚文化的最大特点。也因此，马来西亚的人文活动数不胜数，婚姻习俗、饮食特点和上百个民族宗教节日，无一不展现出马来西亚宗教文化的璀璨斑斓。

（二）马来西亚旅游业发展特点

马来西亚拥有丰富的旅游资源，旅游业是其第三大经济支柱、第二大外汇收入来源。近年来，马来西亚的游客量与收入都呈波动增长的趋势。然而，诸多问题同样暴露在马来西亚的旅游发展过程中，如游客的安全缺乏保障，旅游客源市场不平衡等等，都给其旅游业带来一定的挑战。

表3 2010年—2017年马来西亚年游客量、旅游收入①

年份	2010	2011	2012	2013	2014	2015	2016	2017
游客量（万/人次）	2458	2471	2503	2572	2744	2572	2676	2595
收入（亿林吉特）	565	583	606	654	720	691	821	821.7

① Tourism Malaysia：http：//www.tourism.gov.my/statistics，2018-01-01。

1. 基础设施完善

马来西亚的基础设施比较完善。主要城市中心、港口和重要工业区都有高速公路连接沟通，但内河运输十分不发达，95%的贸易是通过海运完成，共有19个港口。其中，巴生港位于马六甲海峡东北岸，为马来西亚最大的港口，也是东南亚集装箱的重要转运中心，年处理能力达500万标准箱。通信方面，截至2013年，马来西亚共有1059个邮政局，全部完成电脑化运营。移动电话网络覆盖全国大部分地区，2013年底移动电话用户数达到4296万，普及率为143.6%。同时，马来西亚互联网发展迅速，共有宽带互联网用户637万，389万用户通过移动宽带等无线技术上网，19万人通过“一个马来西亚上网本计划”上网。①

2. 政府支持力度强

为发展旅游业，马来西亚成立了旅游发展局和各州的旅游协会以及许多旅行社。同时，大量旅游配套的基础设施也在政府的支持下建立，充实着旅游业迅速发展的硬件。其政府还进一步规定，吸引外资优惠政策范围内的外国公司可以享受税收减免。2010年，马来西亚政府拨款8.9亿马币，实施了一系列措施，包括“第二家园”计划，提升基建水平，培训从业人员，利用网络等多种渠道进行宣传和促销，以及推出更多吸引游客的旅游产品和活动项目。②同时，根据公布的马来西亚第十一个五年计划，马来西亚政府将于5年内投入1500亿马币和以“我们是主人”的理念来提供优质的旅游服务，力求提升旅游的安全性，加大对游客的保护力度，换取世界游客的好口碑。

---

① 中华人民共和国驻马来西亚大使馆经济商务参赞处：http：//my.mofcom.gov.cn/article/ddgk/201407/ 20140700648588.shtml，2014-07-02。

② 谢寿光：《文化中行：“一带一路”国别文化手册 —— 马来西亚》，社会科学文献出版社，2016，第83页。

3. 旅游客源市场不平衡

马来西亚旅游业的基础深厚，发展迅速，已经成为众多游客旅游的首要选择之一。然而，马来西亚旅游的客源市场却存在诸多问题。常年来，90%以上的赴马游客均来自亚洲，其他各大洲赴马的游客总数不到10%，甚至有几十倍人数的悬殊。[①]在前十位赴马旅游的国家中，新加坡游客数量一直遥遥领先于其他地区，其后主要是邻近的周边国家，欧美市场严重缺乏。可见，马来西亚旅游业的发展受距离因素影响巨大，产品吸引力有待提升，要进一步提高竞争力才能打破旅游客源市场的不平衡状态。

4. 游客安全存在隐患

马来西亚游客的安全问题，一直威胁着脆弱而敏感的旅游业。2014年3月8日，马来西亚航空MH370失联，引起了国际社会的广泛关注，然而至今未确认该航班的坠机地点。同年7月17日，马航另一班飞机MH17失事。这给马航和马来西亚航空业造成了严重的打击，同时，马来西亚当局不当的善后处理，也引起了众多游客的“安全担忧”与“信任危机”，加上2014年另一起沙巴海岛绑架案引发的恐慌，让马来西亚旅游市场指数（TMI）跌破四年来最低值，大大挫伤了游客赴马的积极性，还直接导致在中国流行多年的“新马泰”旅游被迫改变，由“新越泰”取代。

四、中国对马来西亚旅游外交战略构想

（一）中国对马来西亚旅游外交的战略意义

马来西亚地理位置优越而具特殊性，是世界贸易、交通的重要纽带。中马两国保持良好的外交关系有利于区域内的稳定和谐，并削减我国周边环境的安全隐患。同时，中国开展马来西亚旅游外交工作，不仅让中国游

① My Tourism Data：http：//mytourismdata.tourism.gov.my，2018-01-01。

客体验到马来西亚丰富多彩的旅游资源，更有利于借旅游外交服务于两国的整体外交，进一步深化两国间的战略合作伙伴关系，维护两国关系健康平稳发展。

增加旅游交往将直接有利于促进中马两国的旅游合作。马来西亚旅游业起步早，发展快，拥有很大的市场潜力，但中马两国的旅游交往与合作却存在着诸多局限，企业、民间的交往有所欠缺，以及马来西亚过去多年的签证限制和最新出台的向外国游客征收旅游税等政策，也对中马两国的旅游合作产生了一定影响。中国开展对马来西亚的旅游外交工作可以促进中马双方更多旅游城市的相互交往，扩展彼此的旅游市场。一方面，中国身为世界旅游大国的魅力，使马来西亚愈发重视中国市场。其不仅增加了更多往返中国的航线，还强调在中国一线城市旅游市场十分成熟的基础上，将积极深耕中国的二、三线城市，让中国游客发掘马来西亚更多迷人的景点与特色。另一方面，马来西亚旅游业发展历史悠久，特别是海岛、水域等旅游项目经验丰富，对我国沿海城市和岛屿开展海滨旅游，有巨大的借鉴意义。同时，马来西亚在地理区位上离我国西南部很近，中国开展对马来西亚的旅游外交，有利于马方游客更多地了解与前往中国，从而进一步响应马来西亚挖掘中国二三线城市旅游市场的策略，提高云贵川等地的旅游影响力。马来西亚沙巴州旅游文化与环境部助理部长彭育明就曾表示，贵州的秀美山水很适合马来西亚民众假期旅游，希望贵州到马来西亚做旅游推介。[①]其次，旅游外交可以促进马来西亚引进中国的先进技术与资金，实现双方共赢发展。近年来，中国的电子商务发展迅速，引领了世界的潮流。为抢占中国游客的商机，马来西亚银行与企业联合推出支付宝电子钱包服务。诸如此类的资金技术涌入，不仅让马来西亚的旅游业更具

① 中华人民共和国驻马来西亚大使馆经济商务参赞处：http：//my.mofcom.gov.cn/article/sqfb/201708/20170802635591.shtml，2017-08-30。

先进元素，也扩展了中国企业的海外市场，实现两国旅游业的密切交往，更带动经贸的进一步发展。

除此之外，旅游外交还将成为中马两国的和平信号，对促进中马两国的相互了解，减少两国的认识盲区，促使双方正视历史问题，缓解两国的矛盾起到积极作用。加上马来西亚在东南亚的地理与政治位置都十分特殊，其既是东南亚的地理中心，又在区域内享有一定的号召力，中马双方的亲疏关系将直接影响着中国与整个东南亚国家地区的关系态势，因此中马两国保持良好的关系，将极大程度地维护地区安全，对中国开展“一带一路”等战略大有裨益。总之，中国开展对马来西亚的旅游外交工作，具有重大的战略意义。不仅使双方在政治层面进一步交往合作，更有利于在文化、经济、科技等多方面互通有无，真正落实两国的战略伙伴关系。

（二）中国对马来西亚旅游外交的战略定位与政策理念

马来西亚奉行独立自主、中立、不结盟的外交政策，对外以多边均衡的策略谋求稳定，同时大力开展经济外交，积极推动东亚合作和南南合作。[①]而旅游业作为其重要的支柱产业，拥有巨大的挖掘价值，中国正可以利用自身充足的资金、先进的技术与庞大的客源市场展开对马来西亚的旅游外交工作。加上其特殊而重要的地缘战略意义，中国对马来西亚旅游外交的战略定位大致可分三个方面。首先，加强两国的经济合作。旅游业发展的最初战略目标大都定位在经济增长上，这也是中马旅游外交关系发展的先导篇。[②]由纽约战略品牌咨询公司BAV Consulting和宾州大学沃顿商学院联合进行的“2017年最佳投资地点”调查报告显示，马来西亚以友好的亲商环境成功击退包括新加坡在内的近80个国家，成为全球最具吸引力

---

① 谢寿光:《文化中行:“一带一路”国别文化手册 —— 马来西亚》，社会科学文献出版社，2016，第45页。

② 梅毅:《旅游外交与中国和平发展》，武汉大学博士论文，2006。

的投资地点。[①]而中国正是马来西亚最大的投资贸易伙伴，若进一步加强对其旅游业的发展投资，将极大可能地带动双方游客来往，增加旅游资源的互补性，进而通过旅游业的发展加强两国的经济合作。其次，促进中国的和平发展。随着中国经济、科技、国防、文化等不断发展进步，综合国力显著提升，中华民族已骄傲地屹立于世界民族之林。然而，中国的快速崛起也引起所谓“中国威胁论”的声音出现。因此，中国更需要在一个稳定和谐的周边环境中和平崛起。旅游外交是和平外交的重要组成部分，发展好对马来西亚的旅游外交工作，将有利于中国与整个东盟地区的和谐发展，进而也影响中国与其他“一带一路”沿线国家的关系，从而更好地促进中国的和平崛起。最后，加强两国的民间交往。马来西亚拥有大量与中国同根同源的华人人口，其生活方式与风俗习惯大都保持着中华民族的传统特点。因此，中马两国有着共同的文化根基，十分有利于两国的互通认识。中国开展对马来西亚的旅游外交工作，其实是在此基础上，加深更多民众的相互了解，增加彼此的旅游来往，以民心消除戒心，最终实现两国的长期友好的亲密关系。

中国发展对马来西亚的旅游外交关系，首先应奉行独立自主的和平外交政策，坚持和平共处五项基本原则，以保持友好关系、相互尊重、维护和平、实现双方共赢发展为最根本的目标。其次，中国自加入《东南亚友好条约》以来，一直以实际行动向东盟和世界承诺，中国将永远是东盟各国值得信任与合作的好邻居、好朋友、好伙伴。因此，今后也将继续坚持与邻为善、以邻为伴的方针，继续实施“睦邻、安邻、富邻”的周边外交政策，即通过和平的方式解决分歧，推动地区经济的互利合作与一体化，保持中马两国和谐稳定的国家关系。最后，弘扬“团结互信、平等互利、

---

① 搜狐：2017年，马来西亚凭借什么优势成为最佳投资国？，https://www.sohu.com/a/151362359_627970，2017-06-23。

包容互鉴、合作共赢，不同种族、不同信仰、不同文化背景的国家可以共享和平，共同发展”的丝路精神，推动全民化的旅游外交，让马来西亚在中国的“一带一路”倡议下真正受益，从而也让中国的旅游外交更好地服务于国家政治。

（三）中国对马来西亚旅游外交的实施途径

1. 深化政府交流协商，扩大旅游合作政策

自中马建交以来，两国的旅游合作不断加大，已共同签署了多份重要文件，旨在加强共同合作，推动双方人员的往来，拓宽旅游市场。然而，政府层面的旅游合作商定，多是战略性与宏观导向性的，缺少操作层面的具体指导与明确的方向目标，并且中马两国的旅游合作，在多个层面还存在空白与欠缺，如两国间相关的旅游组织有马中友好协会、马来西亚华人旅游公会等，但尚缺乏两国之间以及中国与整个东盟区域的地区性旅游组织及官方的国际旅游组织。中国应借助“一带一路”的良好契机，主动倡议创建相关的旅游合作组织，鼓励马来西亚等国积极参与，增加成员国间的相互了解，同时也为国际旅游业的发展做出贡献。其次，中马两国还应该在旅游安全机制与合作法律的制定上加大力度，保障企业和游客的人身财产安全。一方面，要加强旅游投资、旅游目的地等的安全监管力度，减少旅游的安全隐患，提高两国旅游的信任与忠诚；另一方面，双方也应该建立健全旅游应急措施与救助方案，加大法律的保障力度，努力降低意外事故发生后的负面影响，坚决避免马航失事后带来的严重消极影响再次发生。最后，政府层面还应该发挥主导作用，加大双方旅游的基础设施建设，尤其是加大对马来西亚的投资建设。这不仅是为改善马来西亚的旅游形象和旅游现状，也是中国技术与设备“走出去”的良好机会，更为中国游客的赴马旅游提供更多便利。尽管由于中马双方在文化、经济、社会背景等诸多方面存在着差异，不可避免地将增加合作组织成立、法律建设等

的难度，也将使这一系列措施的具体实施面对更大的挑战，但只有中马双方坚定步伐，努力克服关键性的问题，才能为进一步合作交流扫清障碍。

2. 积极推广旅游文化，促进民间友好交流

随着中马两国经济的不断发展，旅游已成为双方的全民性活动。但为增加两国间的来往人数，挖掘彼此更大的旅游市场，还需要双方的共同努力。中国与马来西亚同属于世界知名旅游目的地，拥有各自特色鲜明的旅游资源，又同时存在着资源的差异性与互补性。因此，中马双方只有积极促进旅游文化的交流，才能产生民众出行旅游的原始冲动。首先，中国发展对马来西亚的旅游外交，就应该友好主动地与马来西亚进行旅游文化的交流，只有将自己的特色文化带到马来西亚，让民众真正了解并对其产生兴趣，同时认识和把握马来西亚的旅游特色，才能产生两个旅游客源地和两个旅游目的地的最佳效果。如今年中国旅游日，“美丽中国——冰雪之旅”推介会就在马来西亚首都吉隆坡成功举办，中方向马来西亚民众介绍了中国丰富的冰雪旅游资源和产品，并期待更多未曾享受冰雪资源的马来西亚游客赴华体验独具特色的冰雪文化。①其次，除了冰雪旅游，中国成熟的山地旅游及更多独特的旅游资源也吸引着马来西亚民众，而马来西亚的海域风光也深深地吸引着缺乏海岛旅游经验的中国游客。因此，紧紧抓住并利用好中马双方旅游资源的差异性，做好旅游的宣传与促销工作，无疑对推广中马旅游市场大有裨益，进而利用旅游交往，促进民众间的友好交流，增强民心互通，让旅游外交更好地服务于国家整体外交。同时，由于中国与马来西亚都属于多民族多宗教信仰的国家，文化极富多样性，民众的风俗习惯也有较大差异，在具体落实旅游文化的交流中，需特别注意和尊重不同民族的宗教信仰、习俗禁忌等，减少误会和不必要的冲突，最

① 中华人民共和国国家旅游局：http：//www.cnta.gov.cn/xxfb/jdxwnew2/201705/ t20170520826043.shtml，2017-05-16。

大限度地使双方的民众交往处于友好和谐的状态。

3. 加大旅游投资贸易，推进双方互利共赢

中马双方的经贸往来历史悠久，而旅游业的投资贸易也在逐年增多。为落实中国对马来西亚旅游外交的战略定位与政策理念，需要细化投资方向，真正将理论性的战略合作关系付诸实践。首先，中国对马来西亚的旅游投资应该重点落实到其薄弱的板块，如此既有利于中国投资者资金的利用与回报，也有利于促进马来西亚的旅游配套需求得到满足。如加强马来西亚的旅游基础设施建设，就要重点强化交通道路与通信的建设，将中国先进的技术与建设经验带到马来西亚，提高其基础设施的整体水平，以更好地服务于旅游业的发展。其次，中国政府还可给予企业相应的优惠政策，鼓励企业积极赴马投资，增加中国对马旅游的投资贸易总额，以此来加快两国旅游中心城市建设，实现中马旅游友好城市的对接以及两国旅游教育等方面的共同进步，最终实现双方多方面的互利共赢。然而，由于投资涉及诸多经济利益问题，为避免商人的违法犯罪活动以及建设不合格工程而影响两国的友好关系，中马双方应加强合作法律的制定与实施，严格管理与领导企业，让和谐健康的旅游投资贸易服务于两国的旅游发展与外交工作。

五、中国发展马来西亚旅游外交的展望

（一）中国与马来西亚旅游外交关系的挑战

中国对马来西亚的旅游外交关系面临着多方挑战，外部的不和谐因素、马来西亚内部问题都将增加其难度与变数。但中国与马来西亚的整体关系正处于十分良好的状态，两国发展旅游外交应积极把握机会，勇敢面对挑战，创造出更大的发展可能性。

1. 外部因素

中国与马来西亚旅游外交关系的外部挑战主要有三个。首先，英美势力一直是影响两国外交关系的巨大障碍。马来西亚在独立之初很难摆脱殖民地的影子，并在政治经济等多方面过分依附英国。[①]后来，因美国在印尼与马来西亚对抗时期给予马方巨大支持，美马关系又逐渐亲密。并且在美国推出“亚太再平衡”战略后，马来西亚的战略位置就更加被重视，这一举措也对包括中国在内的亚洲地区安全问题造成了一定威胁。2014年3月，奥巴马成为48年来首位访问马来西亚的美国总统，他此行的主要目的仍在于通过强化与马来西亚在政治、经济和军事方面的合作，以遏制中国在亚洲地区势力的扩展，这势必给中马双方的旅游外交施加更大的压力。[②]其次，马来西亚与邻国的领土纷争也影响着中马两国旅游外交的正常发展。当马来西亚实施亲西方政策时，其邻国印尼正进行反对帝国主义的政策，导致两国在1963—1966年，一直处于对抗期。特别在马来西亚联邦成立后，印尼十分不满现今东马区域的归属问题，之后马来西亚又与印尼、菲律宾在领土与海洋边界问题上冲突不断。最后，地区安全一直受恐怖主义、民族分裂主义、极端宗教主义、跨国犯罪等非传统安全因素的威胁，尤其是马来西亚，因相对宽松的签证政策和海上安全存在缺口的问题，一直被恐怖分子视为中转站和藏身之所。加上东南亚地区的恐怖主义组织在“9·11”事件后变得更加活跃，去年马来西亚就遭受了IS的恐怖袭击，让马来西亚的反恐形势愈发严峻。也让中马两国的旅游外交受到更多不利因素的影响，严重影响两国人民的互访旅游。

---

① 王作成:《马来西亚独立初期亲西方政策原因之探析》,《文山学院学报》,2010年第23期，第61页。

② 谷名飞:《马来西亚的国防外交策略与中马安全合作前景》,《东南亚纵横》,2015年第7期，第24页。

2. 内部因素

马来西亚种族构成复杂，虽然各族一直在相对和谐的关系下共同生活，但不免爆发出局部的矛盾，这对中马两国的旅游外交发展产生十分不利的影响。如马来西亚社会中一直有对中国误解的声音存在。而最为典型地暴露出马来西亚社会反华情绪与不稳定状态的是1969年“5·13”反华大屠杀，华人遭到十分惨烈的戕害，马来西亚社会一度暴乱，还直接导致了事件的爆发地新加坡被马来西亚中央政府从联邦开出。①除此之外，马来西亚政府以经济目标占优先位置，国防和安全问题占次要位置的理念也是其社会缺乏安全保障的关键问题。2014年马来西亚的航班失事事件与绑架事件，就充分暴露了其在情报搜集、反应速度、搜救能力和协调机制上的重大问题，这不仅引起国际社会的强烈谴责，而且在相当长一段时间内严重影响了马来西亚的入境游，也对中马两国间的旅游来往造成了重大损失。

总之，中马两国发展旅游外交的威胁是来自多方面的，既与宏观环境的外部因素有关，也与两国国内的诸多因素紧密联系，为解决此类矛盾，需要两国政府强力合作，在处理好自身问题的基础上共同解决影响两国关系发展的外部威胁。在华人问题上，马来西亚政府要引起高度重视，缩小政治经济发展的差异，平衡各民族间权利与义务的关系，从而处理好各民族间的矛盾。在其他外部威胁上，马来西亚自身应保持清醒的头脑，坚定外交立场，中国也应该树立起负责任的大国形象，和马来西亚一道推动东南亚地区内部的和谐与稳定。最后，两国在反恐、极端宗教、民族分裂等威胁全人类安全的共同问题上，应切实从制度、人员、资金、技术等方面加大合作力度，解决消除恶势力对中马两国旅游外交关系的威胁，也为世

① 李元新:《1969年马来西亚反华大屠杀内幕》,《晚报文萃》，2013年第13期，第24-25页。

界范围内的和平与发展做出相应的贡献。

（二）中国与马来西亚旅游外交关系的发展前景

中马两国悠久的历史往来与愈发紧密的关系为双方的旅游外交奠定了十分坚实的基础，同时，两国在旅游业的互补互利上也呈现出巨大的发展潜力，加之当下马来西亚对中国“一带一路”倡议的积极响应，两国发展旅游外交关系将迎来最好的历史机遇时期。一直以来，马来西亚与中国都有着共同的文化根源，这不仅是因为马来西亚有相当大一部分华人群体保持着中华民族的特性，更是因为马来西亚社会的民族、宗教、语言、殖民历史等等都与中国存在极大的相似性，无形中增加了两国人民的感情基础。其次，自中马两国建交以来，双方政府已签署了多份重要的合作协议，引领两国逐渐发展为全面战略伙伴关系，这给予两国的旅游外交以莫大的支持。同时，不断加强与突破纪录的经济合作为两国旅游外交的发展扎实根基，中马两国互补性的旅游资源及不断增加的来往人数也显示出两国旅游外交的巨大潜力。

尽管中马两国的旅游外交还存在着诸多待解决的问题和不小的挑战，但自中国“丝绸之路经济带”建设以来，马来西亚作为其中的重要节点，一直保持着肯定和积极支持的态度，并且从中得到了中国企业的投资，基础设施建设水平大幅提高，相关产业也联通发展；中国方面，既扩大了中国游客出境的选择面，也在自身经济增长、地区安全、国际影响力上受益匪浅。总之，中马两国只要沉着应对挑战，把握住历史性的发展机遇，双方的旅游外交工作就将拥有巨大的发展潜力，两国也必将向着更加和平和谐的方向稳定发展。

中国对越南旅游外交战略研究

杨娟①

摘要： 中越两国历史渊源深厚，自建交以来，两国高层保持频繁接触，在各领域进行友好交往与合作。近几年中国游客赴越南旅游的数量快速增长，成为越南旅游市场的最大客源地，中越旅游交流发展进一步深化了两国间的睦邻友好关系，也促进了中越全面战略合作伙伴关系内涵进一步充实。当前，我国提出要实施旅游外交战略，开展"一带一路"国际旅游合作，为中越两国进一步深化旅游合作、建立旅游外交关系提供了新契机。东南亚国家在我国周边外交中占首要地位，而越南作为东南亚国家联盟的重要成员国，在东盟中占据重要地位并发挥着越来越重要的作用。本文从中越两国的实际情况出发，具体提出中国与越南之间的战略构想，并对两国将来的旅游外交关系进行展望，希望能对中国与其他国家旅游外交的开展起到借鉴作用。

关键词： 越南；旅游外交；一带一路

---

① 杨娟，中央民族大学旅游管理专业硕士，研究方向为旅游外交、国际旅游合作。

Study on China's Tourism Diplomacy Strategy towards Vietnam

YANG Juan

Abstract: The history of China and Vietnam is profound. Since the establishment of diplomatic relations, the two countries have maintained frequent contacts at high levels and conducted friendly exchanges and cooperation in various fields. In tourism, in particular, the number of Chinese tourists visiting Vietnam has been growing rapidly in recent years. China has become the largest source of tourists in Vietnam' s tourism market. The development of Sino-Vietnamese tourism has further deepened the good-neighborly and friendly relations between the two countries and has also promoted China-Vietnam comprehensive development. The content of the strategic partnership is further enriched. In addition, in 2016, China proposed to implement a tourism diplomacy strategy and carry out the "One Belt and One Road" international tourism cooperation. Tourism diplomacy has officially risen into a national strategy, which provides a new opportunity for China and Vietnam to further deepen tourism cooperation and establish tourism diplomatic relations. Therefore, this article implements tourism diplomacy in Vietnam. Starting from the actual situation in China and Vietnam, it specifically puts forward the strategic conception between China and Vietnam, and looks forward to the future tourism diplomatic relations between the two countries in order to hope to travel to China and other countries. The expansion of diplomacy played a role in promoting and learning from it.

Keywords: Vietnam; tourism diplomacy; the Belt and Road

越南是东南亚国家联盟的重要成员国。自1986年进行革新开放以来，在经济、社会、政治、外交等方面都取得了巨大的成就，特别是在1995年加入东盟以后，越南从东盟获得了政治、外交安全和经济等方面诸多利益的同时，逐渐在东盟中占据重要地位并发挥着越来越重要的作用，越南已经成为东盟国家中极具活力和潜力的国家。处理好对越的外交关系对中国实现睦邻战略以及与东盟友好合作极其重要。

中越两国历史渊源深厚，自1950年1月18日建交以来，两国高层保持频繁接触，在各领域进行友好交往与合作。近几年中国游客赴越南旅游的数量快速增长，成为越南旅游市场的最大客源地，因此中越两国进行旅游外交有利于进一步深化“长期稳定、面向未来、睦邻友好、全面合作”的十六字方针，也有利于中越全面战略合作伙伴关系内涵进一步充实。

中国将“旅游”与“外交”相互联系由来已久。最初我国的旅游业就属于外交接待行业，1978 年市场化改革后分设出来，开启了发展新历程。早在2003年7月14日，国家旅游局在向江泽民主席汇报工作时，明确提到旅游业“在政治、外交方面的作用”问题。[①]2016年12月7日国务院发布的《“十三五”旅游业发展规划》提出“要实施旅游外交战略，开展‘一带一路’国际旅游合作，拓展与重点国家旅游交流，创新完善旅游合作机制。”[②]至此“旅游外交”正式上升为国家战略。在国家整体外交工作部署中，旅游外交所占分量日益加重，然而在国内，学术方面有关于“旅游外交”的研究却相对较少。早期在少数关于“旅游外交”的学术研究成果中较具有代表性的有《回忆“文革”时期的旅游外交》、[③]《旅游外交：我国旅

① 国家旅游局向江泽民主席汇报的材料：《实践“三个代表”重要思想 发挥旅游业在国民经济和社会发展中的重要作用》，2003 年 7 月 14 日。

② 国务院：《“十三五”旅游业发展规划》，2016年12月7日。

③ 杨公素：《回忆“文革”时期的旅游外交》，《国际政治研究》1994 年第 3 期，第 50-55 页。

游产业发展新取向》[①]和《旅游外交与中国和平发展》。[②]近几年较具有代表性的研究成果大都偏向于将旅游外交与经济相联系，例如《论旅游经济对外交的影响力》[③]《以旅游外交助力中巴经济走廊的心理认同》[④]等。

虽然关于旅游外交的研究成果也相继涌现，但总体而言研究工作仍处于初级阶段；尤其是将旅游外交具体到某一国家的研究数量不足。因此本文把旅游外交落实到越南，从中越两国的实际情况出发，具体提出中国与越南之间的战略构想，并对两国将来的旅游外交关系进行展望，以望能对中国与其他国家旅游外交发展起到借鉴作用。

一、越南的外交环境特点

纵观从第二次世界大战结束至今越南外交政策的不断调整与变化，加之对越南在这段时期内的外交活动的梳理，现将越南的外交特点总结为以下几点：

（一）外交与大国"形影不离"

东南亚是联结澳大利亚、新西兰与印度洋以及远东及欧洲、印度洋与太平洋的纽带，是亚太各大国利益与战略的交汇点，而越南处于东南亚腹地，被称为"东南亚的心脏"，扼太平洋、印度洋海上交通要冲，具有十分重要的战略地位。[⑤]因此越南一直是大国进行博弈的竞技之地，也正

---

① 梅毅:《旅游外交：我国旅游产业发展新取向》，南昌大学学报（人文社会科学版），2006年第5期，第45-50页。

② 梅毅:《旅游外交与中国和平发展》，武汉大学博士学位论文，2006年。

③ 夏雪:《论旅游经济对外交的影响力》，《当代经济》2016年第18期，第109-110页。

④ 胡敏、曹兹纲、王杰:《以旅游外交助力中巴经济走廊的心理认同》，《新疆社会科学》，2016年第6期，第79-82页。

⑤ 沈志雄:《试论越南外交中的地缘政治因素》，《东南亚研究》，2001年第6期，第24-28页。

因如此，越南在制定外交政策的时候也不得不将大国的因素置入其中，使得越南的外交一直以来与大国“形影不离”。

19世纪40年代到90年代初期，越南正处于内忧外患的局面，国内经济、军事等落后于大国，国家综合实力弱，但是又要抵御各大国的侵略，因此这段时期越南外交的特点是依靠一或两个大国以应对其他大国。但在两极格局结束后，越南开始调整与大国的这种外交政策，不再将外交的重点只放在一两个大国，也不再与某一个大国交恶，而是实施全方位独立自主的外交政策，重新寻找在大国间的位置，并且开始实施大国平衡的外交战略，寻求机会拓展外交空间以维护国家利益。至今越南与大国间的外交关系逐渐走向平衡发展，显示出“平衡而非平均、内容不同、目标各异”的大国平衡外交特点。①

（二）周边外交持续加强

革新开放以来，越南越来越重视周边外交，周边外交持续加强也成了越南外交的特点之一。在苏联解体之后，越南失去外部依托力量，开始改变原有的外交政策。越南在1995年正式加入东盟后，借助东盟的力量使得自己在外交上获得更大的空间和主动权，积极拓展自己的多边外交。②在90年代越南四次调整外交战略和外交政策，都把“创造稳定的周边环境”作为对外政策的首要目标，强调“优先发展与邻国和周边国家的关系”，并通过与中国关系正常化、加入东盟、建立新印支关系等措施，以改善和稳定周边环境。③越南周边外交走向，一是继续加强与老挝、柬埔寨传统友好关系，二是充分利用“一河一海”，加强东盟内合作。

① 岳平：《越南大国平衡外交呈现新特点》，《中国周边》，2017年第13期，第34–35页。

② 李汉杰：《南南北统一以来外交走向与中国的应对研究》，南昌大学硕士学位论文，2015。

③ 沈志雄：《试论越南外交中的地缘政治因素》，《东南亚研究》，2001年第6期，第24–28页。

（三）经济外交逐渐占据重要地位

经济外交在越南的外交战略中处于重要地位，也是越南推进革新开放的重要支柱之一。越南的经济外交始于革新开放，随着革新开放的深入，其地位不断上升，逐渐从边缘进入核心。[①]在越南实行经济外交以来，与众多国家、地区以及国际组织建立了经济外交关系，不仅有力推动了国内经济的发展，而且也维护了国家外交政治环境的稳定。

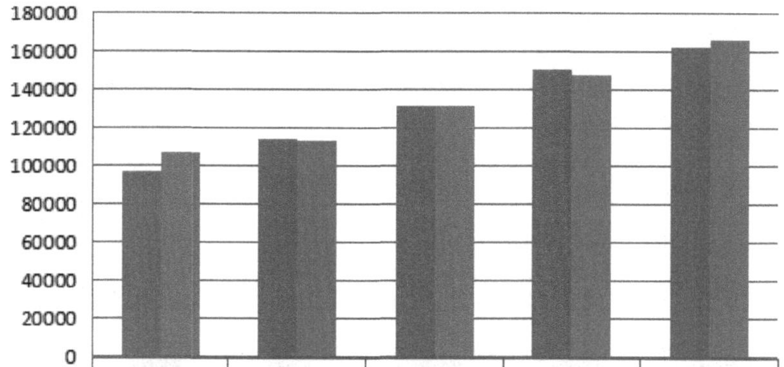

	2011	2012	2013	2014	2015
■出口贸易额	96905.7	114529.2	132032.9	150217.1	162439
■进口贸易额	106749.8	113780.4	132032.6	147849.1	165650

图 1　2011–2015 年越南进出口贸易额增长图（单位：100 万美金）

截至2015年，越南和世界上150多个国家和地区形成贸易关系。对外贸易保持高速增长，对拉动越南经济发展起到了重要作用。因此，作为经济发展重要助力的外交领域，实施经济外交，积极争取援助资金、吸引外国投资和先进技术也就逐渐成为对外政策的主要内容，在越南外交中日益占据重要的位置，这也成为越南外交的一个突出特点。

① 常飞：《革新开放以来越南的经济外交研究》，云南大学硕士研究生论文，2013。

二、中国与越南关系的发展

（一）两国关系发展简要回顾

中越两国山水相邻，具有深厚的历史渊源。回顾两国关系的发展，两国的关系自建交以来可大概分为三个时期，分别为友好时期、对峙时期以及正常化时期。

友好时期指的是20世纪50—70年代中期。在此期间，中国政府和人民全力支持越南抗法、抗美斗争，越南视中国为坚强后盾，两国在政治、军事、经济等领域进行了广泛的合作，达到了“同志加兄弟”的高度友好关系。对峙时期指的是20世纪70年代后期到20世纪80年代末，这段时期由于中苏关系恶化、中美关系取得新的进展，中越关系开始由好转坏并一再恶化，越南在苏联的指使下对中国采取对冲的外交战略，中国一再忍让后对越南的挑衅进行自卫反击。正常化时期主要指从20世纪90年代初以来至今。在两极格局末期，和平与发展成为国际社会发展的主流，中越关系解冻也随之而来。1990年两国领导人进行十几年以来的首次会晤，1991年11月双方宣布结束过去，开辟未来，两国关系实现正常化。

自中越两国关系正常化以来，两党两国关系全面恢复并深入发展。两国领导人保持频繁互访和接触，双方在各领域的友好交往与互利合作不断加强。[①]但是也并非全部一帆风顺。南海问题是中越关系进一步发展的阻碍。由于中国南海重要的战略地位，越南等周边国家对中国南海露出水面的岛礁以及海域进行侵占，并提出所谓“主权”，要求分割海域。2014年中越两国在南海问题上再起争端。南海问题在越南外交中的地位越来越重要，无疑对中越双方外交关系的走向也产生着越来越大的作用。因此，在

---

① 中国外交部官网:《越南国家概况》，http://www.fmprc.gov.cn/web/gjhdq_676201/gj_676203/yz_676205/1206_677292/1206x0_677294/，2018年7月。

1991年中越关系正常化至今，友好合作是中越两国关系的主流，但也不乏一些不利因素对两国的关系造成影响。

（二）两国多种形式的合作关系

1. 国家高层互访，全面合作

自中越关系正常化以来，两国高层保持频繁互访和接触，双方在各领域的友好交往与互利合作不断加强。1999年初，两党总书记确定了21世纪两国“长期稳定、面向未来、睦邻友好、全面合作”的关系框架。2002年2月27日至3月1日，中共中央总书记、国家主席江泽民对越南进行正式友好访问，双方就加强21世纪两党两国关系深入交换意见并达成重要共识，并签署了《中越两国政府经济技术合作协定》和《中越两国政府关于中国向越南提供优惠贷款的框架协议》。从2004年到2008年，两国高层均有访问活动，并且都发表了《联合公报》。

据统计，1991年到2016年底短短的25年来，中越两国领导互访的次数多达61次，其中中国国家领导访问越南23次，越南国家领导访问中国38次。这样高频的互访，不断推动着中越两国全面合作关系进一步发展。

2. 双边经贸关系和经济技术合作

经贸合作一直是中越关系的一个重要组成部分，到2017年，中国已经连续13年是越南最大的贸易合作伙伴，截至2015年，双边贸易额958.2亿美元，增长14.6%。①

经贸合作的另一个重要方面就是投资，截至2016年10月，中方对越直接投资存量38.5亿美元。中国对越南的投资长期在对越投资国中处于第9、10位。随着两国关系进一步稳定发展，近两年来在越南投资的38个国家和地区中，中国的投资增额已经排名前三。作为加强两国关系的重要纽带，经贸合作对促进两国务实合作起了很大作用。

① 数据来源：中华人民共和国国家统计局官网：http://www.stats.gov.cn/，2017-8-11。

3. 其他领域交往与合作

中越关系正常化以来，两国在文化、科技、教育和军事等领域的交流与合作不断向广度和深度发展，党、政、军、群众团体和地方省市交往日趋活跃。

双方开展了社会主义理论研讨会和青少年交流活动。两国空运、海运、铁路等均已开通。交通方面，目前（2017年）中国公司正在河内建越南的第一条城市轻轨。该项目使用了中国的“两优”贷款，完全使用中国的技术、资金和装备。①2006年11月，双方成立中越双边合作指导委员会，有利于加强对中越各领域合作的宏观指导、统筹规划和全面推进，协调解决合作中出现的问题，将为两国睦邻友好与全面合作关系长期、稳定、健康、持续发展发挥重要作用。在接下来的2008年至2016年中，双方共同主持双边合作指导委员会第二至九次会议。

三、中国对越南旅游外交战略构想

（一）战略意义

1. 经济意义

旅游产业对经济发展所起的作用不言而喻。旅游业的关联性极大，两国旅游业的发展在极大程度上会带动国民经济其他产业的共同发展。首先，旅游业的发展能够为工业、农业、建筑业等行业提供巨大的市场，并且还可以带动交通运输业、邮电通信业、文化娱乐业等行业的发展。除此之外，旅游在扶贫中也发挥着作用。我国与越南接壤的广西、云南等地区，旅游资源丰富但是经济欠发达，因此两国建立旅游外交关系，有利于

① 中国网:《“一带一路”框架下中越两国合作空间巨大——访中国驻越南大使洪小勇》，http://t.m.china.com.cn/convert/c_xwELVN.html，2017-05-11。

以旅游为突破口带动我国西南边陲欠发达地区经济的发展，扩大就业，提高经济收入。

通过地区旅游合作，我国不仅可以通过入境旅游赚取外汇，而且可以通过出境旅游向旅游目的地国家和地区输出外汇，在一定程度上平衡国家间的外汇收支，减少国际贸易摩擦。[①]中越建交以来，经贸关系一直是中越关系的一个重要组成部分，中越间的贸易一直在越南的对外贸易中处于领先地位，中国长期以来都是越南最大的贸易合作伙伴。但是由于两国处于不同的发展阶段，市场需求有差异，导致两国间的贸易不平衡，越南在与中国的贸易合作中长期处于逆差状态。但是近几年以来，中国逐步开放了中国游客赴越南旅行，向越南输出外汇，已经在一定程度上减少了越南对华贸易的逆差，中越之间贸易不平衡的情况逐渐得到缓解，很大程度上减少了两国的贸易摩擦。

2. 政治意义

旅游对政治发挥着特殊的影响。随着全球旅游业的强劲发展，旅游越来越被作为一种政治手段影响国家之间的关系，进而影响一个国家的政治。目前我国作为世界第二大经济体，是一个巨大的旅游客源输出市场以及旅游目的地，因此中国更加重视旅游对政治产生的影响。处理好与越南之间的旅游外交关系，对中国的政治有着重要的战略意义。

首先，中越两国建立旅游外交关系有利于两国进一步加强和平友好的睦邻关系。中越两国在二十世纪九十年代建交以来，一直努力朝着友好合作的方向发展。如今，两国在旅游方面的合作往来越发频繁密切，为中越关系更上一层楼打下坚实的基础。回顾中越两国近二十年来的旅游合作，就是在政治关系不断改善发展的大环境下逐步开展的。旅游合作发展到一

① 罗文标:《中越旅游合作的现状和前景》，暨南大学硕士学位论文，2009。

定阶段形成了一股力量反作用于政治，[①]因此中国与越南建立旅游外交的关系，这种旅游合作的力量能够不断作用于政治，进一步推动两国政治关系的良好发展。

其次，与越南建立外交关系有利于我国周边环境的稳定，有利于国家安全。“从政治层面上看，地区旅游合作是政治安全合作的延伸和外部表现，选择某一国家作为出境旅游目的地这一行为本身，就代表了重要的友善和主动示好的政治安全信号，将有利于改善周边地区的安全态势。”[②]中国与越南两国相互开放为对方旅游目的地，代表着两国之间是信任与友善的。中国与越南建立旅游外交关系，有利于促进“睦邻、安邻、富邻”周边政策有效落实，为我国创造一个稳定的周边环境。而且，越南作为东盟重要的成员国，中国与越南建立友好的旅游外交关系，能够对其他东盟成员国起到示范作用，进一步推动中国与其他东盟成员国建立旅游外交关系，维护中国与东盟国家的和平关系，进而为双方创造一个更加稳定、安全的周边环境。

最后，与越南建立旅游外交关系，有利于改善国家形象，为展现国家风采提供平台。在过去，中越关系经历过低潮期，因此中越两国的民众双方之间仍然存在一定的心理障碍与误解。加之，在目前国内媒体对越南相关情况的报道十分稀少，国内许多民众对越南缺乏客观深入的了解，反之亦然，越南民众对中国同样如此。因此，中越两国建立旅游外交关系，能够进一步促进中越两国民众的旅游来往，通过旅游进行深入、全方位的相互了解，在直接接触中去消除误会，化解隔阂，在此基础上，进一步展现大国风采，提升国家形象。

---

① 罗文标:《中越旅游合作的现状和前景》，暨南大学硕士学位论文，2009。

② 舒伯阳:《国家战略视野中的亚太区域旅游合作》,《当代亚太》，2005年第10期，第24–28页。

（二）实施途径

1. 两国政府深化交流，完善相关政策

两国政治关系的稳定是两国开展旅游外交的基础，两国在建立旅游外交关系的过程中首先要维护两国的政治关系，两国政府应当保持当前交流合作的状态，并且尽可能地进一步深化双边的交流与沟通，共同协商并且逐步完善两国旅游外交的相关政策，明确双方旅游合作的方向，制订双方合作的具体计划，进一步推进两国旅游市场管理机制的建设，做到共同应对风险、承担责任以保证两国的旅游合作健康、安全发展，为两国开展旅游外交打下良好基础。

在中国方面，尤其应当重视深化发展战略对接。中国政府应进一步加强“一带一路”倡议同东盟发展战略对接，特别是与《东盟互联互通总体规划2025》的对接，加强我国的“一带一路”战略与中越“两廊一圈”战略的联系，推动更多合作项目落地，有力有序促进互联互通合作，为两国建立旅游外交关系注入强劲动力。

2. 解决旅游管理安全问题

旅游的发展在带来众多益处之余，也会产生弊端，例如环境问题、安全问题等。安全是旅游业发展的基础，是旅游活动顺利进行的保障，也是旅游产业能够健康发展的前提，只有处理好复杂的旅游管理安全问题，中越两国才能够建立和平稳定的旅游外交关系。

中越边境地理环境具有复杂性，中越边境以及湄公河流域长期存在跨境走私、制毒、贩毒等诸多违法现象，安全隐患较大。“两圈一廊”旅游合作以及“一带一路”旅游合作的开展，能够有力促进双方旅游外交关系的建立，但是随着人流与物流的增加，可能同时也意味着为跨境走私、贩毒、卖淫、赌博等违法活动提供温床。为杜绝旅游安全事故的发生，中越双方应注意旅游安全管理问题，根据已达成的双边条约和共同缔结、参加

的国际公约或协定等，合作打击各种违法犯罪活动，并建立应对突发事件（如地震、海啸、恐怖活动和大面积疫情等）的机制，以保证游客的安全。

3. 建立旅游合作城市

建立旅游合作城市是加快发展中越跨境旅游合作的有效途径之一。与越南接壤的广西壮族自治区以及云南省与越南边境地区有着良好的旅游合作基础。

在2017年3月，广西壮族自治区人民政府发布了《关于进一步促进全区旅游投资和消费的实施方案》，以促进广西壮族自治区与越南旅游合作的开展。广西还制定了《崇左市边境旅游实验区实施方案》，计划以中越德天—板约等国际旅游合作区为载体，打造中越边境旅游经济共同体。此外，越南广宁省还加快了从芒街到海防的高速公路、云屯国际机场的建设，并投资兴建了众多大型娱乐场所，以此推动跨境旅游合作及品质不断升级。[①]广西壮族自治区与越南广泛的旅游合作以及众多合作协议的签署为广西地区与越南建立旅游合作城市提供了良好的基础。

云南2000多年前的“南方丝绸之路”到稍晚出现的“茶马古道”，再到20世纪初的滇越铁路、滇缅公路，一直都是中国同南亚、东南亚国家和人民经济相通、文化交融的纽带。近年来，依托中国—南亚博览会等合作平台，云南同世界的联系日益紧密。特别是随着“一带一路”建设加速推进，云南作为孟中印缅经济走廊、中国—中南半岛经济走廊的交汇地带，以及澜沧江—湄公河合作机制的重要参与省份，区位优势更加明显，正在朝着开放层次更高、开放领域更广、与亚洲和世界联系更密切的方向大踏步前进。[②]因此，中国云南省与越南建立旅游友好城市是历史的必然，

① 杨陈：《中越跨境旅游合作不断深化》，《国际商报》，2017-6-7，第C01版。

② 王毅：《开放的中国：魅力云南，世界共享（王毅部长在外交部云南全球推介活动上的致辞）》，http://www.fmprc.gov.cn/，2017-2-20。

而双方旅游城市的建立也将必然进一步推动两国旅游合作，促进两国旅游外交关系的建立。

4. 政府与旅游企业之间加强合作

旅游产业关联性强，旅游合作具有综合性强、牵涉面广等特征，涉及方方面面、大大小小的复杂问题。因此两国成功建立旅游外交关系离不开多方面的支持与协作，政府与企业之间加强合作在很大程度上能够有效促进两国旅游合作的展开。

当前两国边境的旅游资源尚未得到充分开发利用，旅游线路存在单一、稀少等问题，不能满足广大游客的需求。因此，我国政府应当落实旅游业“走出去”战略，支持有条件的旅游企业统筹利用国内外市场，推动旅游业双向开放。政府与企业合作应当着重解决旅游路线、旅游宣传、旅游营销等方面的问题。中越双方旅游部门和企业应加大工作力度，互相支持国内企业跨境投资，改善旅游接待设施，整合开发边境旅游资源、设计旅游线路、加大旅游宣传与旅游营销的力度，激起两国民众到对方国家旅游的兴趣，引起两国民众的旅游需求。

除此之外，由于越南与中国发展存在差距，我国政府应当制定并实施对越南的国家旅游援外计划，积极响应《“十三五”旅游业发展规划》所提出的“对‘一带一路’沿线国家、部分发展中国家和地区提供旅游投资、品牌、技术、管理、标准等援助。”

四、中国对越南旅游外交关系展望

（一）中越旅游外交关系的挑战

1. 南海问题

中越从二十世纪九十年代建交至今，两国关系的发展都以和平友好为主旋律。两国在长期以来，一直坚持“长期稳定，面向未来，睦邻友好，全面合作”的16字方针，但是近几年中越关系也出现了一些摩擦，其中南海问题是制约中越关系友好发展的主要因素。

在目前最新签署的《中越联合公报》中关于南海问题中越仍然继承2011年中越达成的《关于指导中越海上问题基本原则协议》，寄希望中越两国通过边界谈判机制来就海上纠纷进行对话与沟通。但是，从2017年越南的外交动态看，越南推行的大国平衡外交明显表现出希望美国与日本能够尽可能维护其在南海的既有利益。①由此看来，越南仍然不能正视南海问题。中越两国南海纷争是两国建立旅游外交关系所面临的一大挑战。

2. 越南经济因素

近几年越南经济发展良好，但是其经济水平与中国相比仍存在较大的差距。越南境内企业还无法为国内消费者和企业、社会团体提供所有产品和服务，其生产能力还有待提高。如果越南与中国建立旅游外交关系，越南在旅游接待方面仍存在极大的不足。

首先，越南的基础设施尚待进一步提高。目前越南的基础设施建设水平与中国的水平存在一定的差距。具体表现在交通落后，难以满足旅游运输需求；电力方面存在供电能力有限、电力设施陈旧、用电成本高等问题；除此之外，越南在通信方面也比较落后，无法达到旅游中对通信的要求。其次，越南旅游行业也存在着从业人员素质低下、缺乏专业人才、服务能力尚需提高的问题。因此，越南本身国内经济因素所引发的诸多问题，也是中越建立旅游外交关系的挑战之一。

3. 两国旅游资源存在相似性

越南的诸多旅游资源与中国存在同质化问题。越南的自然旅游资源主

① 葛红亮:《越南“大国平衡”后的弱势》，http://country.huanqiu.com/vietnam/people，2017-8-24。

要以喀斯特地貌景观以及海滩、海岛景观为主，但是中国也同样拥有漫长的海岸线、自然旅游资源丰富，不乏开发良好的景区。越南的喀斯特景观与中国的广西、云南等地区的喀斯特景观存在相似、重复的问题；由于越南在古代长期以来隶属于中国以及是中国的藩属国，此外两国山水相连，都是多民族国家，因此两国的文化具有一定程度的相似性，越南的很多景点建筑风格都与中国相似。加之，越南与中国相比旅游发展较为落后，而中国旅游业发展较越南成熟许多，基础设施、景区建设也很大程度上优于越南，因此越南的旅游资源受到中国同性质的旅游资源冲击大，中国游客出游意愿较弱。两国旅游资源的相似性引起的同质化竞争，在一定程度上束缚了两国民众的旅游来往，也给中越两国建立旅游外交关系带来阻碍。

（二）中越旅游外交关系发展前景

1. 两国旅游资源丰富、经济互补

中越要开展旅游外交，两国丰富的旅游资源是前提与基础。越南旅游资源较为丰富；而中国地域辽阔、文化灿烂，旅游资源同样丰富多样。

此外，两国经济发展阶段互补。现阶段中国进一步深化产业结构改革，正处于产能转移阶段，而越南正处于经济快速发展的阶段，正需要中国所拥有的充足的资金、丰富的管理经验以及先进的技术和装备，且越南有人口红利优势，市场潜力巨大。两国经济的互补性意味着中越两国之间具有巨大的合作空间和合作潜力，其中就包括旅游合作。

2. 深厚的渊源

中越两国在早期结下“同志加兄弟”的深厚友谊，两国邦交正常化至今，和平往来、友好合作一直都是两国交往的主旋律。山水相连的地理位置以及深厚的历史渊源使得两国在民族、文化、语言、宗教信仰等各方面都存在相似性，同时两国在意识形态上又都是多民族的社会主义国家，因此诸多相似性在很大程度上为两国关系的良好发展奠定了基础。

两国自建交以来，积极展开多面、多样、多领域的合作。在旅游合作方面双方签署了多项双边合作协定，如中越双方在1994年签订了旅游协议；2015 年 4 月中越签署《联合公报》声明:双方将继续扩大新闻、文化、教育、旅游等各领域及两国地方间的友好交流与合作 …… 总之，在历史文化、旅游合作方面，中越双方有着深厚的历史渊源以及良好的合作基础。

3. 良好的机遇

当前，旅游业已成为许多国家经济部门的主导力量，对国家的经济社会发展做出重要贡献，世界各国愈发重视旅游产业的发展。这样的全球趋势为中越两国进一步进行旅游合作乃至建立旅游外交关系带来新的机遇。

一方面，2016年越南高层领导换届后，越南对华交往呈现出近年来前所未有的踊跃局面，政府也十分重视发展旅游，在2017年初召开的政府工作会议也明确指出要与其他国家加强旅游交流与合作，增强国家间的旅游互助。另一方面，中国在《“十三五”旅游业发展规划》中提出旅游外交的概念，提出要开展“一带一路”旅游合作，拓展与重点国家之间的旅游交流，创新并完善旅游合作机制，大力提振入境旅游。 这样和平友好的政治环境以及政策环境为中越两国建立旅游外交关系带来新的机遇。

中国发展新加坡旅游外交的战略意义及构想

田甜[①]

摘要： 我国率先提出了“一带一路”倡议，其以一种合作发展的理念，积极与沿线国家发展经济合作伙伴关系，对我国外交产生重要影响。东盟处于“一带一路”陆海交汇处，是中国周边外交的首要区域，其中新加坡区位优势和平台作用尤其得天独厚。近年来中国实行旅游外交战略，中新在旅游领域交流密切，2017年中国首次超过印尼成为新加坡第一客源国，中国游客在新加坡的消费连续3年保持第一。鉴于旅游外交的影响重大，以及新加坡在我国“一带一路”倡议中的重要地位，本文从多方面具体分析中新旅游外交的环境，具体提出中新之间旅游外交的战略构想，并对两国未来的旅游外交关系进行展望，以望能对中国与其他“一带一路”国家旅游外交发展起到借鉴作用。

关键词： 旅游外交；一带一路

① 田甜，中央民族大学旅游管理专业硕士，研究方向为旅游外交、国际旅游合作。

The Strategic Significance and Conception of China's Tourism

TIAN Tian

Abstract: As a developing country, China has taken the lead in putting forward the "One Belt One Road" strategy. The OBOR proactively develop the economic cooperation partnership of the countries along the line with the concept of cooperation and development. The implementation of the OBOR initiative is obviously important to China' s diplomacy. Located in land–sea intersection of the OBOR, ASEAN is a priority of China' s diplomacy with neighboring countries, and is also a key area for promoting the construction of OBOR. Singapore as an important member of ASEAN, whose regional advantages and the role of cooperation platforms in the OBOR construction are uniquely advantageous. In recent years, China has implemented a strategy of tourism diplomacy. China and Singapore have had close exchanges and cooperation in the field of tourism. In 2017, China surpassed Indonesia for the first time to become Singapore' s first source of tourists, Chinese tourists 'spending in Singapore remained the No. 1 for three consecutive years, and the Singapore Tourism Board cooperated with Chinese online service providers in order to meet the demand of the market. It is particularly important to achieve win–win cooperation through tourism diplomacy and seize the opportunity to further create a wider space for in–depth development.

Key words: tourism diplomacy; One Belt One Road; strategy; Development

2013年，国家主席习近平在出访中亚和东南亚国家期间，先后提出共建“一带一路”的重大倡议，“一带一路”是指“丝绸之路经济带”和“21世纪海上丝绸之路”。“一带一路”不仅成为我国深化改革开放的重要路径，也是构建和平外交的重要部分。作为“海上丝绸之路”沿线重要国家，新加坡虽然国土较少，但却是亚太金融、贸易、航运中心，两国合作具有巨大的发展潜力。旅游合作方面更是如此，自从2012年以来，中国一直是全球最大的旅游消费市场。虽然新加坡自然旅游资源贫乏，但因其完备的社会经济制度以及政府重点支持旅游业等原因，新加坡已成为中国大陆居民重要的旅游目的地之一。根据2017年数据显示，中国大陆继续稳坐新加坡第二大客源国的位置，所创旅游收益连续两年蝉联第一。在“一带一路”倡议背景下，两国借助相关优惠政策，旅游方面的合作将越来越广泛。同时旅游作为外交的一个切入点，有利于将两国外交关系进一步推向新水平。

鉴于旅游外交的影响重大，以及新加坡在我国“一带一路”战略中的重要地位，本文从多方面具体分析中新旅游外交的环境，具体提出中新之间旅游外交的战略构想，并对两国将来的旅游外交关系进行展望，以望能对中国与其他“一带一路”国家旅游外交发展起到借鉴作用。

一、新加坡的外交环境特点

（一）密切同邻国的利益联系

东南亚国家联盟简称“东盟”，是东南亚地区以经济合作为基础的政治、经济、安全一体化合作组织，东盟的宗旨和目标是本着平等与合作精神，共同促进本地区的经济增长、社会进步和文化发展，为建立一个繁荣、和平的东南亚国家共同体奠定基础，以促进本地区的和平与稳定。新加坡作为五个创始国之一，极度重视与邻国的合作关系，极力推进与同邻国的利益联系。从八十年代开始，新加坡就已经提出了地区化主张，建立了新加坡、马来西亚、印尼组成的“增长三角”。此外，新加坡还积极地推进与时常处于紧张状态的马来西亚的合作。例如2004年，新加坡淡马锡投资公司收购马来西亚电信公司5%的股份等。①

（二）积极参与地区及国际政治

19世纪初新加坡为英国殖民地，1942年被日本占领。1965年新加坡才正式独立。新加坡是一个多元文化的移民国家，是全球最具国际化的国家之一。新加坡是东南亚国家联盟成员国之一，也是世界贸易组织、英联邦以及亚洲太平洋经济合作组织成员经济体之一。②新加坡不仅主动平衡调节东盟的发展，而且在国际舞台上扮演着越来越重要的角色。

（三）国际化式的教育外交

《泰晤士高等教育》发布的全球大学排名中，2015年新加坡国立大学排名亚洲第二，随后3年蝉联亚洲第一宝座。而新加坡另一所知名高校南洋理工大学，排名也稳定在第三四位。之所以如此，与其国际化的教育以及完整的教育体系密不可分。早在1992年，新加坡第四任总统黄金辉在国会演说中提到：“教育是千秋大业，是保持竞争力的基础，我们需要不断学习新知识、人人掌握新科技，在千变万化的领域里求生存。”而在2016年的社会领袖峰会上新加坡副总理尚达曼宣布：教育部将在接下来五年内拨款3亿5000万元，资助本地的社会科学研究项目，培养社会科学领域的本地人才。此外，新加坡以吸引世界各地的留学生为目标，其中西结合的文化、一流的师资、以及完备的硬件教育设施可以满足多数留学生的需求。尤其为教育设置宽松的移民政策，使国际留学生成为新加坡社会中一个重要群体，由此带来的不同文化的国际学生互相交流学习，大大丰富了国家

① 杨时超：《新加坡的经济外交》，《国际问题研究》，2012第6期，第109–117页。

② 中华人民共和国外交部官方网站：《新加坡国家概况》，http://www.fmprc.gov.cn/web

外交活动内容。

（四）淡马锡的企业外交

跨国公司主要是指发达资本主义国家的垄断企业，以本国为基地通过对外直接投资，在世界各地设立分支机构或子公司，从事国际化生产和经营活动的垄断企业。跨国公司本身就有双重属性，在别的国家设立分公司，有两国之间频繁的贸易交流，也有文化交流，是由企业带来的外交活动。新加坡在1965年取得独立之后，为了经济的发展,国联企业迅速壮大，其管理问题迫在眉睫，在这种形势下诞生了淡马锡，由新加坡财政部监管，以私人名义注册。根据淡马锡2017年发布的年度报告，2017年淡马锡对外投资170亿新元，涉及地区覆盖世界多个国家。中国在线旅游预订平台携程（Ctrip）、全球网上零售商和云计算公司亚马逊（Amazon）、阿里巴巴（Alibaba）旗下中国互联网本地生活服务平台口碑（Koubei）以及全球移动先行的电子商务平台（Wish）等都得到了淡马锡的投资。淡马锡其存在的意义已经不仅仅局限于实现企业和国家发展了，而是国家企业外交不可缺少的一部分。①

（五）自由贸易外交

新加坡的经商环境经过世界银行的评定连续几年蝉联第一，被誉为“世界上最容易做生意的地方”，全世界多种多样的货物在此流通，世界各地的商人在此进行交易活动，自由的贸易外交是新加坡独有的外交特色。友好的贸易环境很大程度上归功于其高度开放的自由贸易政策。新加坡作为一个自由港大多数商品在进出口时关税为零，出口商品进口商品一律免税，对于出口额达到一定限额的公司或者组织，均可申请减免出口收益税金。事实上，早在1984年新加坡就成了WTO前身关贸总协定《进口许可程序协议》的缔约国，就其承诺将进口许可证数目保持在最低限度，并且

① 杨时超:《新加坡的经济外交》,《 国际问题研究》，2012第6期，第109–117页。

不把数量限制作为进口许可证的一部分，因此对大多数进口商品没有配额限制，也不需要进口许可证。只有当出于公众健康、公共安全以及环境卫生方面的考虑时，才会对少数商品实行进口许可，而其他大多数商品均可自由输入。同时作为东南亚金融中心，新加坡实行的金融政策也是自由宽松。新政府取消外汇管制，外汇可以自由进出。外国投资者的资本、利润、利息和红利等随时可以自由汇出。为了给全世界的商品进出新加坡提供免税优惠和便捷的物流服务，新加坡毗邻港口和机场还设立了八个“自贸区”，这八个“自贸区”实行的企业化运营，大大提高了“自贸区”的工作效率和服务水平。2015年新加坡服务贸易额4167亿新元，增长5.1%。新加坡服务贸易伙伴覆盖世界主要的经济体，其中主要为欧盟14.8%、美国14.4%、东盟7.3%、中国5.5%和日本5.2%。

2015年新加坡前10大服务贸易伙伴				
排名	国家/地区	贸易额（亿新元）	同比%	份额%
	全球	4,167.14	5.13	100.00
	东盟	303.02	9.07	7.27
	欧盟	618.35	4.09	14.84
1	美国	600.37	5.10	14.41
2	中国	230.55	4.67	5.53
3	日本	216.61	16.38	5.20
4	澳大利亚	185.76	–0.62	4.46
5	英国	177.45	–0.73	4.26
6	中国香港	158.69	16.55	3.81
7	荷兰	157.70	23.71	3.78
8	瑞士	136.79	13.47	3.28

续表

2015年新加坡前10大服务贸易伙伴				
排名	国家/地区	贸易额（亿新元）	同比%	份额%
9	马来西亚	86.01	8.74	2.06
10	印度	84.49	2.07	2.03
数据来源：新加坡统计局				

图1　2015年新加坡前10大服务贸易伙伴

（资料来源：根据新加坡统计局数据整理）

二、中国与新加坡关系的发展

（一）中国与新加坡地区关系发展的简要回顾

中国和新加坡是一衣带水的友好邻邦，友好交往源远流长。15世纪初，中国著名航海家郑和扬帆远航，多次到访新加坡。新加坡海事博物馆里有一艘按原尺寸复制的郑和宝船，即用以纪念这一事件。明末清初，许多来自中国广东、福建的民众漂洋过海到南洋谋生，带来了中华文化和技术，也播下了中新友好的种子。

1978年，邓小平先生访问新加坡，正式拉开了新时期中新友好合作的序幕。当时的中国正在开拓改革开放和社会主义现代化建设的新路，积极探索中国特色社会主义道路，在目睹新加坡创造的经济成就后，邓小平先生表示，中国要向新加坡学习。中国和新加坡1990年10月3日建交，随后两地在各领域的互利合作成果显著，两国签署“经济合作和促进贸易与投资的谅解备忘录”，建立了两国经贸磋商机制。还签署了“促进和保护投资协定”“避免双重征税和防止漏税协定”“海运协定”“邮电和电信合作协议”“成立中新双方投资促进委员会协议”等多项经济合作协议。2007

年11月，温家宝总理对新加坡进行正式访问。2009年11月，国家主席胡锦涛也对新加坡进行国事访问。2012年9月，新加坡总理李显龙再次访华。随着“一带一路”的建设，中新合作日益密切，不断迸发蓬勃的生机与活力。2017年9月，新加坡总理李显龙时隔四年访华。

（二）中国与新加坡地区多种形式的合作关系

中新两国建交以来两国合作领域日益广泛、内容日益丰富，两国政治互信不断加深，务实合作深入拓展。

中国是新加坡最大贸易伙伴，新加坡是中国最大投资来源国和重要投资目的地。2014年，新加坡继续保持中国吸收外商直接投资第一大来源国地位，全年实际投资金额为59.3亿美元，双边贸易总额907亿美元，中国继续蝉联为新加坡第一大贸易伙伴。新加坡目前共有2.6万多家跨国企业，7千多家中资企业，其中近 160 家在新加坡上市。两国金融合作方兴未艾，新加坡已经成为重要的人民币离岸交易中心之一。2014 年人民币与新元更实现了直接交易，进一步降低交易汇兑成本，简化操作手续，促进双边贸易和投资便利化。双方政府合作开发的苏州工业园区、天津生态城均取得示范效应，合作具有战略性、前瞻性和示范性。其中苏州工业园区，开创了中外经济技术互利合作的新形式。中新天津生态城不仅为资源节约型、环境友好型社会的建设提供积极的探讨和典型示范，而且显示了中新两国政府应对全球气候变化、加强环境保护、节约资源和能源的决心。

2015年 11 月，国家主席习近平对新加坡进行国事访问期间，不仅确定了两国之间的“与时俱进全方位合作伙伴关系”，也大力支持双方的文化交流。中新两国在新加坡设立中国文化中心，成为中新两国增进了解、加强交流的重要窗口和平台。

三、新加坡旅游业发展现状及特点

（一）新加坡旅游资源特点

新加坡位于赤道以北，东南亚马来半岛的南端，属热带海洋性气候，常年高温潮湿多雨，国土面积约719.1平方公里，人口553.5万，其中华人占75%左右。新加坡旅游资源贫乏，没有引人入胜的名胜古迹，也没有令人流连忘返的名山大川，但由于新加坡由新加坡岛及附近63个小岛组成，岛屿四面环海，阳光充沛。通过充分利用这一资源优势，新加坡独辟蹊径，经过多年的城旅融合建设和目的地营销，已如今成为东南亚地区迷人的目的地之一，成功挤入世界旅游国家前列。

1. 美丽的“花园城市”

新加坡于1965年脱离马来西亚联邦独立后，面对经济落后的局面，李光耀将目光转向了旅游，通过旅游业增加就业机会、发展旅游创造外汇收入。由于新加坡旅游资源有限，无法倚重自然资源，官方着重城市绿化将其定位成“花园城市”，特别重视环境卫生和绿化工作。早在1971年，新加坡就在全国范围内开展了以美化环境为主要内容的“花园城市运动”。由政府举办，要求政府主要官员参加植树活动，同时建设国家植物园。政府花大量的外汇从世界各国移植别具特色的热带花木到新加坡。如今整个新加坡就像一个庞大的植物园，随处都可看到来自各国的形态各异、种类不同的树木和花草。与此同时新加坡培育了品质很高的兰花作为国花，成为世界最大的兰花出口国家。[①]在绿化环境的同时，新加坡也逐步加强环境基础设施建设，并且通过严苛的环境法对城市环境进行保护。

2. 旅游景点“最”品牌

新加坡国土面积狭小，自然资源有限，因此十分注重旅游资源的开发

① 徐志宏:《新加坡蓬勃发展的旅游业》,《学习与思考》，1994年第4期，第45-46页。

和积累。新加坡开发景点秉着“人无我有，人有我大，人大我特”的理念，将花钱少、带“最”字的景点作为优先发展的重点，打造了一批号称世界之最、亚洲之最的景点，以景点的独一无二来吸引全球游客。世界最大的摩天轮、东南亚最大的飞禽公园、世界首个夜间动物园、世界最大的海洋馆、世界首个夜间F1赛车等，这些新开发的“最”景产生了轰动效应，不仅吸引成千上万的游客前来体验，也为新加坡带来不少奖项和赞誉。

3. 自然与人文结合

自然和人文的结合不仅使原资源持续具有吸引力，也发扬了自身的特色。新加坡人十分注重旅游资源自然与人文的结合，因此形成的新旅游景点包括鱼尾狮公园、圣安德烈教堂、新加坡国家博物馆、国家兰花园、圣淘沙岛、动物园、夜间野生动物园、裕廊飞禽公园、新加坡美术馆、滨海艺术中心、哈芝巷等。新加坡是多元化文化国家，东西方文化聚合在一起，新加坡在旅游资源的基础上融入不同的民俗文化，使旅游资源的开发也具有民俗多元化的特点。

（二）新加坡旅游业发展的特点

2016年，新加坡旅游业在全球市场取得了丰硕成果，入境游客人数和旅游收益均创历史新高。入境旅客方面前往新加坡的外国游客高达1640万人次，增幅达7.7%；旅游收益方面，旅游收益初步估算达248亿新币，涨幅约13.9%。

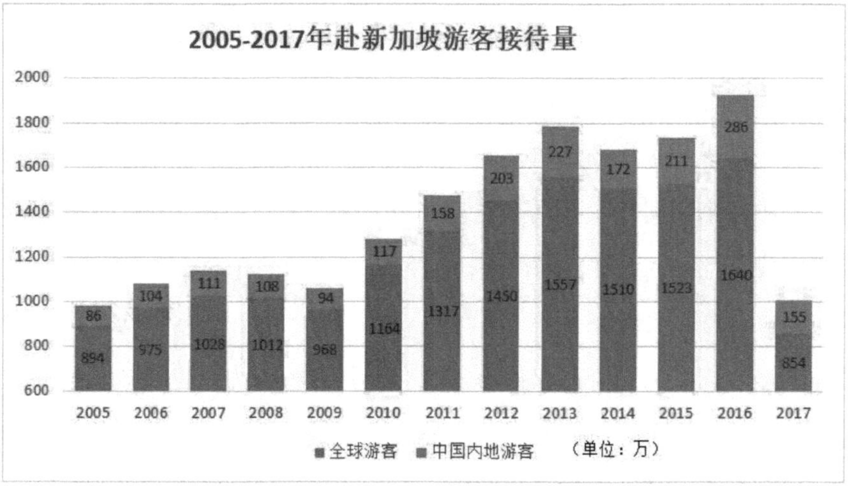

图 1 2005–2017 年赴新加坡游客接待量

（数据源自新加坡旅游局；2017 年数据截至 8 月 28 日）

新加坡从一个先后被英国和日本殖民，旅游资源匮乏的国家发展成为全球受欢迎的旅行目的地之一的“花园城市”，其旅游业的发展有以下几个特点：

1. 政府主导的发展模式

新加坡旅游局作为国家旅游事业管理部门，在新加坡旅游业发展中起着核心作用，其运营资金99%由新加坡政府提供，用于旅游景区的维护和建设。同时新加坡政府和有关行业协会按照发展可持续性的三方合作关系（政府、社区、私人企业）互动理念，对有意义活动和项目提供支持，引导和促进各旅行社、旅游组织不断提高服务质量，注重旅游资源的整合管理，避免各投资主体的单打独斗和无序竞争，鼓励业者改变营业模式，采用科技提高生产力，使优质旅游资源得到充分开发利用，实现效能、效益最大化。这种政府强力主导的旅游发展模式使得新加坡在世界经济论坛出版的世界旅游竞争力报告中名列前茅。

2. 多元文化的创意旅游精品

凭借融汇东西方多元化的文化特色，新加坡打造旅游胜地不仅有着亚洲风格，还有欧式特点，可以满足不同文化的需求。“非常新加坡”作为新加坡目前的形象品牌，目标是给国际游客提供不一样的文化、特别的经历和与众不同的体验。新加坡各区域鲜明的特点，如代表印度文化特色的小印度区域、代表马来文化特色的甘榜格南区域、代表中华文化特色的牛车水区域、代表殖民文化的维多利亚街区域。①而以“景区精品之最”理念的旅游产品则包括“美食节”“万圣节”“日落马拉松”“国际艺术节”“户外热舞节”以及跨年活动等多种文化节庆活动。

3. 潜力无穷的商务会展旅游

新加坡是著名的国际会展中心、国际金融中心、国际航运中心和国际贸易中心，被誉为亚洲会展之都。独特优越的地理位置，发达的交通和通信、高水平的服务业水准、高度的自由和开放，廉洁高效的政府管理，完善齐备的酒店和会展场馆设施，好的旅游形象等为新加坡会展业的发展创造了得天独厚的条件。②新加坡的会展业由新加坡会议展览局和新加坡贸易发展局专门负责推广。每年举办约6000个商业会展项目，占全亚洲举办会展总数的近四分之一，其总收益占全亚洲举办会展收益的40%，连续多年当选“国际最佳会议国家”及“国际最佳会议城市”③。

4. 一流的服务业水平

新加坡发达的交通、世界级品牌酒店与专业人员的服务都为旅游业的

---

① 于晓岩:《新加坡统筹发展旅游业的启示》,《中国旅游报》，2011年第6期，第18页。

② 伍鹏:《新加坡会展旅游业（MICE）发展的优势和成功经验》,《东南亚纵横》，2012年第1期，第24-28页。

③ 黄玉妹:《新加坡会展业成功因素分析及经验借鉴》,《亚太经济》，2015年第6期，第71-77页。

发展提供了有利条件。作为亚洲最繁忙的五个机场之一、新加坡樟宜机场其人性化的服务让不少乘客赞不绝口，连续多年被评为全世界最舒适的机场之一。酒店在19世纪已经进入新加坡，随着政府调控和旅游业的持续不断的新发展，酒店发展从长期来看也呈现出良好的持续性，一流酒店集中在市中心，所有的员工都受过严格的职业训练，服务周到，态度亲切，令人有宾至如归之感。

5. 打造综合休闲区

新加坡旅游发展以重点打造综合性旅游度假区为特点，包括以休闲观光度假为主的圣陶沙度假区和以会展商务为主体的金沙滨海城度假区。

（1）圣陶沙度假海滨开发模式。

圣淘沙，以前是荒岛和军事基地，现已成为亚洲顶级一站式综合娱乐城和独一无二的家庭度假目的地，面向家庭休闲度假客源。新加坡政府在打造这个度假区时，用的是辅助性开发模式。利用海滨带以及背后的原始森林，基础设施依坡而建，与大自然融为一体，画面感唯美，同时提供冲水房、各色餐厅、小憩站等齐全的设施与服务。

（2）金沙滨海度假城模式。

进入21世纪以来，新加坡的商务旅游迅速发展，为抓住市场机遇，新加坡政府选择开发金沙滨海商旅度假区。金沙滨海周围与商务区连在一起，拥有会展中心、高档酒店群、高尔夫球场、主题乐园、剧场、博彩等大型会展及娱乐设施。新加坡会展署适时提出了“Bein Singapore”激励性计划、“新加坡商务会议大使计划”、“新加坡商务旅游专家计划”等扶持政策，为商务活动的主办者、公司和团体提供各种个性化、专业化、标准化服务，助其在金沙滨海度假城筹备或举行商务活动。

四、中国对新加坡旅游外交战略构想

（一）中国对新加坡旅游外交的战略意义

国务院发布的《“十三五”旅游业发展规划》中突出强调，要实施旅游外交战略，开展“一带一路”国际旅游合作，拓展与重点国家旅游交流，创新完善旅游合作机制。旅游外交已由部门推动上升为国家战略，标志着旅游外交要超越旅游领域国际合作的角色定位，正走向全面、系统、规模化地服务国家整体战略进程之中，旅游外交服务国家战略之网越织越密。目前，中国已经发展成为世界最大的旅游出行国家，年出游人次达45亿，庞大旅游市场为实施旅游外交奠定了坚实的基础。旅游外交活动向深度广度发展，也标志着旅游外交将在服务与推动中国旅游企业“走出去”方面发挥更大作用，也能够为国家间关系发展培育更为厚实的民意和社会基础，具有经济、政治等多方面的现实意义。

1. 经济意义

根据新加坡旅游局发布的数据，2016年共有286万中国游客到访新加坡，同比增长36%，来自中国二线城市的游客占比越来越大。中国游客在新加坡当地花费估计约为35.2亿新元（约合人民币174.02亿元），同比增长39%。这也是中国连续第二年取代印度尼西亚成为新加坡最大的旅游收入来源国。2018年2月12日，新加坡旅游局在记者会上公布的旅游数据显示，2017年入境游客人次从2016年的1640万增至1740万，增幅达6.2%。入境游客人次的增长，主要由更多中国和印度游客到新加坡观光带动。中国游客2017年首次冲破300万人次，比前年增加13%，达322.7万人次，位居榜首；印尼旅客则微增2%，至295.4万人次，退居第二。同时，酒店在线预订网站缤客18日发布的一份调查结果显示，新加坡是未来12个月内中国游客在亚太地区的旅游首选目的地，超过了悉尼、东京、曼谷和澳大利亚的黄金海岸等城市。由此可见中国对新加坡旅游影响力越来越大，中国对新加坡旅游的支持越来越大，由旅游带来的经济影响也是巨大的，创造了新加坡持续增长的旅游外汇收入。根据旅游行业劳动密集型以及综合性的特点，由此提供的就业岗位也在持续增加，直接和间接相关产业都被带动同步发展起来，特别是新加坡的服务业，显著受旅游发展的影响。两国之间通过旅游合作形成紧密的联系，紧密的联系又促进两国进一步的合作。

2. 政治意义

新加坡于1965年建国，受地缘与经济发展缓慢的影响，其在军事方面寻求的是美国的庇护，并不断强化与美国的军事安全关系，近年来在国际舞台上多次提及中国南海问题，使两国政府关系趋于冷淡。旅游外交使两国政府之间的关系稍微有所缓和，稳定了其相互合作的关系。如今新加坡已经意识到与中国合作的重要性，作为最早响应“一带一路”倡议的国家之一，在“一带一路”建设中做出大量投资，这其中也有旅游外交的作用，旅游合作促进了双方的进一步合作，使之呈现出前所未有的良好局面。当前，两国人员往来动力强劲，旅游互访规模不断扩大、出入境旅游市场持续兴旺，既为两国经济社会发展做出了重要贡献，也有力促进了两国国家关系。

（二）中国对新加坡旅游外交的实施途径

1. 两国政府完善政策

两国已在旅游方面建立了深厚的合作关系，但还需要进一步健全两国旅游部门交流合作机制，积极发掘旅游合作新动能，拓展旅游合作新模式。最近国际社会提出了生态旅游，提出生态旅游有利于实现经济社会可持续发展、实现人与自然的和谐发展。新加坡的旅游业比较发达，体现在城市现代化与发达的服务业，在生态旅游这方面的拓展不是特别多，中新双方在此领域可进一步拓展合作。双方旅游机构应该完善互联网资源信息，并借助互联网更好地宣传推介特色旅游资源，同时加强资源整合和信息共享，使旅游带动更多产业的发展。同时可以借助“一带一路”建设的东风，不断完善旅游交通设施和服务设施。更加重视“软件”的互联互通，为人文往来创造更多便利条件。为实现更深入的合作，双方旅游相关手续尽量简化，方便两国游客的出入境，双方也应下大力气加强旅游市场监管，切实保障游客的合法权益。

2. 举办旅游年

“旅游年”成为世界舆论的“热词”之一，已经成为了旅游外交的重要载体，在外交事务中的独特作用日益凸显，进一步密切中国与其他各国的政治、经济、人文往来，为构建命运共同体提供重要支撑。近年来中国与多个国家举办了旅游年，2012、2013年中俄两国互办旅游年，拉开了中国与相关国家互办、共办“旅游年”的序幕，创立了以旅游活动支持国家外交大局的新模式。随着中美、中印、中韩、中澳、中瑞、中丹、中哈、中国—中东欧等多个旅游年相继举办，使旅游从外交边缘走向外交前沿，成为国家外交不可或缺的重要组成部分。2017中国—东盟的旅游年，使中国—东盟旅游交流已跨入3000万人次时代。中新旅游合作已久，旅游年的举办未来可期。举办旅游合作年，将推进中国和新加坡的旅行便利化，加强旅游资源推介，扩大旅游相互投资，完善旅游突发事件应急处理机制，搭建更多旅游合作平台，加强互相交流的同时使两国的旅游进入更成熟的发展阶段，是个双赢的过程。同时开展旅游合作年活动，不仅符合中国和新加坡的共同利益，有利于增进相互理解和友谊，加强文化互鉴，也将为参与国乃至世界的经济社会可持续发展做出重要贡献。

3. 企业与企业之间合作

全球经济前景较明朗，新加坡旅游局估计，2018年到新加坡的游客将继续增加，介于1760万至1810万人次；旅游收益预计增加约1%至3%，介于271亿新加坡元至276亿新加坡元。不断上升的数据，中国游客占总体比例最高，新加坡发展中国市场也成了一种必然趋势。借助于“一带一路”建设与旅游外交的发展，双方企业可进行长久密切的合作。据新加坡旅游局统计分析，进入新加坡的中国游客越来越多来自中国二线城市，而且中国二三线城市游客倾向于组团前来。要发展中国市场，新加坡的旅游企业可以与中国二三线的旅游企业建立长久的合作，推广新加坡的旅行产品实行优惠价格策略，从而占领二三线市场获得大量的游客资源。中国在电子商务领域全球遥遥领先，2017年，蚂蚁金服旗下世界领先的移动和线上支付平台及生活方式平台支付宝和新加坡旅游局（STB）共同宣布推出一系列市场推广活动，旨在提升新加坡作为旅游目的地的知名度及吸引更多中国大陆游客前往及消费，推广活动包括通过奖励和折扣吸引支付宝用户光顾不同类型的旅游场景（如零售、餐饮和景点），并且推出与旅游局旗下新的“新加坡心想狮城”品牌一致的定制行程。通过支付宝的市场分析加深新加坡旅游局对中国大陆游客消费者偏好和消费模式的理解。支付宝率先和新加坡旅游局合作在两国旅游合作中立下了新的里程碑，在未来的发展中中国其他的电商和新加坡旅游局以及新加坡的其他企业展开合作势必会成为一种趋势。

五、中国发展新加坡旅游外交的展望

（一）中国与新加坡旅游外交关系的挑战

1. 外部因素

新加坡在军事与安全领域方面和美国合作紧密，但与中国保持在经济、社会与文化领域上也有不同程度的合作，近几年双方合作关系相对平稳。但是，中国崛起、中国与菲律宾和越南在南海领土争端、美国“重返亚洲”战略等因素，都对中新关系的发展形成了一定的挑战。

2. 内部因素

新加坡经济属于外向型经济，是全球著名的转口贸易和金融中心，吸引投资是其基本国策。在世界银行发布的《全球经商环境报告》中，新加坡连续八年名列榜首，在其他的有关投资环境的评价指数中，新加坡也均名列前茅。但由于全球经济复苏不稳定，反全球化、民粹主义以及贸易保护主义的抬头，新科技的迅猛发展以及地缘政治的问题，新加坡经济已经进入了一个结构性低速增长的新常态。

3. 中国内部因素考虑

2015年5月6日，世界经济论坛（WEF）发布《2015年旅游产业竞争力报告》。报告指出，旅游产业占全球经济10%的份额，年均增长速度3.4%，预计未来5年增速将达5.2%。报告选取141个国家和地区进行分析，涉及评价指标4个方面，14个大类，90项指标。在旅游产业竞争力的国家排名中，中国香港、大陆和台湾分列第13、17和32名。[①]中国旅游业已进入大众旅游时代，旅游潜力正在逐步释放。随着全域旅游的不断推进，中国旅游业将实现转型升级，以其独特的综合带动优势，完

① 中华人名共和国商务部官方网站：《世界经济论坛发布<2015年旅游产业竞争力报告>》，http://www.mofcom.gov.cn/article/i/jyjl/m/201505/20150500985392.shtml ，2017-8-15。

全可以大展身手，但中国的旅游进入大众旅游的时间不久，旅游发展没有足够的经验，因此通过怎样的方式能够成功转型，转型的目标是否符合中国的国情都是未来的挑战。丝绸之路是世界精华旅游资源的汇集之路，汇集了80%的世界文化遗产；丝绸之路也是世界上最具活力与潜力的黄金旅游之路，涉及60多个国家，44亿人口。①根据预测，“十三五”期间，中国将为“一带一路”沿线国家和地区输送1.5亿人次游客、2000亿美元旅游消费，同时还将吸引沿线国家及地区8500万人次游客来华旅游，拉动旅游消费约1100亿美元。中国近年来和东盟合作密切，通过共建旅游年的方式，加深与其他国家的交流。如何变沿线旅游资源为特色优势，有层次、大手笔开发“一带一路”沿线旅游精品，打造有特色的精品旅游带，“联合打造具有丝绸之路特色的国际精品旅游线路和旅游产品”是“一带一路”中的重要一环，这样的联系带前所未有，因此极其具有挑战。②

（二）中国与新加坡旅游外交关系的发展前景

新加坡自从1991 年与中国建交之后，双边关系发展迅速。2013 —2016年，新加坡连续四年成为中国第一大投资来源国、第二大对外投资目的国和第三大外派劳务市场。2016 年，新加坡在中国的投资达到62亿美元，新加坡对中国投资占到“一带一路”沿线国家对华投资总额的85.2%。2015 年又是中新建交 25 周年，两国元首进行了国事互访，两国关系与时俱进、发展成全方位合作伙伴关系。新加坡总理李显龙自上任以来，访问中国频次较高。借此举办的中国 — 东盟旅游合作年，开展了一系列活动，促进了两国人民进行友好的文化交流。当下中国的电子

① 中国产业经济信息网:《“一带一路”旅游产业转型升级提速》，http://www.cinic.org.cn/index.php?m=content&c=index&a=show&catid=43&id=388829，2017-8-15。

② 徐万佳:《“一带一路”战略风口 旅游外交大有可为》,《中国旅游报》，2016年第2期。

商务发展位居世界前列，2015年新加坡旅游局与阿里旅行、蚂蜂窝、大众点评网、途牛旅行网以及百度直达号等多家中国在线服务商合作，推出最全面的旅行电子服务平台，为中国国内游客打造最为贴心和全面的移动旅行体验。[①]这次合作将助力新加坡旅游局在中国这一重要客源市场进一步拓展移动互联网服务覆盖范围。随着旅游业合作方式的多样化，旅游外交不仅促进了双方的友好对话，同样带动了其他产业的发展。而“一带一路”为双方旅游的合作注入了新动力，合作的广度和深度会一直不断拓展。

① 中华人民共和国旅游局官方网站:《新加坡旅游局与中国在线服务商合作打造贴心旅游体。验》，http：//www。cnta。gov。cn/xxfb/hydt/201510/t20151022_749789。shtml ，2017年11月12日。

书评

走进太平洋岛国，开启中国旅游外交新领域

——《太平洋岛国旅游》书评

陈德正[①]

太平洋岛国地处太平洋深处，主要包括萨摩亚、瑙鲁、斐济、巴布亚新几内亚、所罗门群岛、图瓦卢、库克群岛、纽埃、密克罗尼西亚联邦、马绍尔群岛、帕劳、基里巴斯、汤加和瓦努阿图等14个独立国家，分属美拉尼西亚、密克罗尼西亚和波利尼西亚三大群岛，这些岛屿犹如繁星散布在蔚蓝的热带海洋里。

太平洋岛国虽然多数是袖珍之国，陆地面积小，但却是资源富足的海洋国家。“太平洋岛国各族人民守护着世界上最大、最平静和最富足的大洋及其众多的岛屿和丰富多样的文化。”这是太平洋岛国领导人自信的宣言，也是太平洋岛国独一无二的气度和神韵。正如太平洋岛国贸易与投资专员署驻华贸易专员大卫•莫里斯（David Morris）所言：这是一片和平、和谐和繁荣之地，它值得世界人民共同分享这里的美好。虽然中国同太平洋岛国的交往历史悠久，但长久以来，太平洋岛国一直远离国人的视野。继“太平洋岛国列国志”系列图书的出版之后，聊城大学太平洋岛国研究中

① 陈德正，聊城大学太平洋岛国研究中心主任、教授，硕士生导师。

心又适时推出“太平洋岛国旅游”丛书，具有独特而重要的意义。这是一套生动描绘太平洋岛国自然和人文风情的书籍，是聊城大学太平洋岛国研究中心献给中国游客和太平洋岛国人民最好的礼物。

首先，“太平洋岛国旅游”丛书将为中国游客揭开太平洋岛国神秘的面纱。太平洋岛国拥有丰富的自然和文化旅游资源，这里遍布郁郁葱葱的热带雨林、星罗棋布的礁湖景观、高耸入云的火山、浪漫惬意的海滩以及丰富多彩的土著文化。但对中国大多数游客而言，这里仍然是一片未知之境。“太平洋岛国旅游”系列丛书用70余万字为中国游客细致描绘了太平洋岛国和地区的自然和人文旅游资源，信息翔实、文笔流畅、图文并茂，相信能够让这些独特而珍贵的岛屿走进中国游客的心中。最值得一提的是丛书的写作体例。其一，本套丛书根据太平洋岛国的文化圈层分成三卷，即美拉尼西亚、波利尼西亚和密克罗尼西亚，便于游客认识和理解太平洋岛国区域文化的独特性。阅毕掩卷时，游客定能感受到不同太平洋区域文化的风韵和气度。其二，本套丛书侧重太平洋岛国文化地理的“细描”，这在旅游志书中是难能可贵的，尤其是对太平洋岛国而言，更是意义深远。通过此书，游客不仅会被这些岛屿国家的自然和人文魅力所吸引，更能全方位地了解各个国家的历史、地理、政治、经济和文化，获得更为深入的旅游体验。其三，本套丛书以旅游中心地为切入点，展开太平洋岛国自然和人文资源的详细描述，并附加了出行指南，符合游客尤其是自助游游客的旅行规律，是非常宝贵的太平洋岛国旅游指南。

其次，“太平洋岛国旅游”丛书有助于中国与太平洋岛国旅游外交的发展。太平洋岛国是21世纪海上丝绸之路南线的重要延伸，在“一带一路”倡议和人类命运共同体建设的时代背景下，有利于推动中国特色大国外交，构建新型大国关系。旅游业是多数太平洋岛国的支柱产业。据世界旅游及旅行理事会（WTTC）报告显示，2017年，斐济旅游业对GDP的综合贡献为19.663亿美元，占GDP总量的40.3%，旅游业直接和间接就业11.85万人，占全国总就业人数的36.5%；瓦努阿图旅游业对GDP的综合贡献占GDP总量的46.1%，旅游业直接和间接就业3万人，占全国总就业人数的39.3%。太平洋岛国主要旅游客源市场集中在澳大利亚、新西兰、美国和欧洲。其中，澳大利亚和新西兰游客人数分别约占游客总量的30%和20%。据南太平洋旅游组织（SPTO）统计，2017年，中国赴太平洋岛国和地区旅游的总人数为12万人，仅占中国出境旅游人数的0.09%。中国是目前全球出境旅游人数最高的国家。中国旅游研究院发布《2017年中国出境旅游大数据报告》显示，2017年中国公民出境旅游突破1.3亿人次，花费达1152.9亿美元，保持世界第一大出境旅游客源国地位。“太平洋岛国旅游”丛书的出版将有利于太平洋岛国在中国旅游客源市场的开拓，也有利于中国游客、旅游企业走进太平洋岛国，促进国际旅游合作的进程，进而推动中国同太平洋岛国旅游外交关系的发展。

最后，“太平洋岛国旅游”丛书有利于中国与太平洋岛国人民从陌生到熟悉，从相识到相知。国之相交，贵在民心相通。旅游是一种自发的、民间的交流，游客是友好的使者，可以促进两国人民的交流，有助于实现民心相通。中国与太平洋岛国虽然远隔重洋，但这丝毫不会消减中国游客的热情。“太平洋岛国旅游”丛书的出版，将有助于开启中国游客走向太平洋岛国的大门，中国和太平洋岛国各族人民将会从陌生到熟悉，从相识到相知，从相知到相交。

论点摘编

“新公共外交”视角下的出境文明旅游与国家形象关系研究

吴茂英，周玲强在《旅游学刊》2016年31卷第7期撰文指出，2015年，我国的出境游客数量高达1.2亿人次，出境旅游消费高达1045亿美元，我国游客成为全球众多目的地竞相争抢的客源。值得注意的是，中国人出境看世界，世界也在看中国。在中国游客受到追捧的时候，我们也听到一些不和谐的声音，主要是国际社会对部分中国游客不文明行为的诟病，比如缺乏秩序、不尊重当地文化、不尊重服务员工等。这些负面评价的扩散很容易影响国际社会对中国民众以及国家形象的评价。结合外交形势的变化，特别是“新公共外交时代”的到来，与我国出境旅游大发展过程中出现的不和谐声音的背景，简要论述在该背景下旅游文明研究的相关思路，期望起到抛砖引玉的作用，促进有关文明旅游的学理研究，为提升我国公民的旅游素质，树立更好的大国形象提供参考建议。

适应新常态 把握新机遇 树立新观念 开拓新思路

——对我国国际旅游收支逆差的再认识

张凌云在《旅游学刊》2015年第30卷第3期撰文指出，我国旅游业经过30多年的发展，早已超越了单纯创汇的发展初级阶段，而是可以充分发挥对外对内两大功能：对外引领大国外交战略，成为“一带一路”的先行者，谋求国际旅游区域一体化发展的国家战略大格局和大作为，用我国旅游人口红利在国际社会充分展示我们参与国际竞争的软实力和巧实力；对内可以提升国民素质，提高国民生活品质和全社会的服务意识和管理水平。但随着我国出境旅游人数和境外消费的增加，出现的国际旅游收支逆差，被有些专家学者称为“旅游服务贸易逆差”，视作发展旅游业的负资产而提出了警告，给出境旅游发展带来了困惑。这种看法既反映了对国际服务贸易规则不了解，对旅游业的新常态的不适应，也是对新时期国家所赋予旅游业更新、更高的战略定位认识不深刻。关于我国国际旅游收支逆差问题，应该透过现象看本质，寻找出表象背后的真正原因。

以智库建设推动中国旅游创新发展

宋瑞在《旅游学刊》2016年第31卷第2期撰文指出，第二次世界大战以来，现代意义上的智库蓬勃发展，在各国内政外交政策制定中发挥着重要作用。以美国为例，智库凭借专业的分析研判、与政界的紧密联系以及广泛的社会影响，左右着该国政治、经济、社会、军事、外交、科技等方面的重大决策，被视为继立法、行政和司法之后的“第四部门”。

“新公共外交”视角下的出境文明旅游与国家形象关系研究

吴茂英，周玲强2016年第31卷第7期撰文指出，出境旅游的迅猛发展，将国家形象塑造这个原本属于外交和外宣部门的政治课题，变得与每位出境游客的一言一行息息相关。文章结合外交形势的变化，特别是“新公共外交时代”的到来，与我国出境旅游大发展过程中出现的不和谐声音的背景，简要论述在该背景下旅游文明研究的相关思路，期望起到抛砖引玉的作用，促进有关文明旅游的学理研究，为提升我国公民的旅游素质，树立更好的大国形象提供参考建议。

回忆“文革”时期的旅游外交

杨公素在《国际政治研究》1994年第31卷第3期撰文指出，1956年由全国人大常委会通过，国务院下设中国旅游事业管理局和中国国际旅行总社，一班人马两块牌子（人们通常称为旅游局）。开展旅游事业的目的是，在政治上“扩大政治影响，宣传建设成就”，在经济上可以收一笔可观的“自由外汇”。旅游工作开始是学习苏联，接待的旅行者也多半来自苏联和东欧国家，后来发展到西方资本主义国家。到1965年“文革”前十年，旅游局共接待了38个国家和地区的游客，共1.9万多人（有组织的旅行团）。

华侨华人文化旅游开发在“一带一路”旅游外交中的作用

舒光美在《旅游纵览（下半月）》2017年第10期撰文指出，新形势下我国国际旅游影响日趋广泛，旅游外交成为当前我国外交的重要组成部分，在“一带一路”战略倡议提出后，旅游外交利用其独特的功能，紧密服务好“一带一路”战略倡议，在此过程中，华侨华人的作用和地位举足轻重，在旅游交流和民心相通等方面的作用不可替代，通过开发华侨华人文化旅游，首先让华侨华人对中华传统和丝绸之路精神有深度的了解和认识，进而辐射到“一带一路”沿线国家和人民，更好地推动“一带一路”倡议的实施。

旅行、政治与外交：新中国成立初期的出国旅行（1956—1965）

范铁权，王素君在《河北学刊》2018年第2期撰文指出，1956—1965年，中国政府组织旅行团出国旅行，由中国国际旅行社总社和各分（支）社负责具体实施。这一时期的出国旅行人数不多，但已初步具备现代出国旅游的基本特征，可以视为当代中国组织出国旅行的开端。受各种因素之规约，1956—1965年的出国旅行是当代中国开展外交关系的产物，反映了中国希冀增进国家间相互了解和往来合作的美好愿望及政治目的，难免更多带有国家计划的成分，在人员选拔、出行前准备、参观内容、旅行总结等方面均呈现出鲜明的政治性，旅行者个人的自主性在一定程度上被压抑。尽管如此，这一时期的出国旅行，为之后中国政府不断完善出国旅行机制奠定了基础，也提供了诸多值得参考借鉴的经验及教训。

国际友城的入境游效应
——来自中国38个客源国的经验证据

王亚辉，全华，尹玉芳在《经济管理》2017年第3期撰文指出，国际友好城市（简称“国际友城”）活动是国与国之间一种重要的民间外交形式，亦是一种重要的国际旅游活动形式。首先分析了国际友城对入境游的作用机理，以及两者的时间耦合特征，其次利用1997—2014年中国38个主要客源国的面板数据，运用“固定效应回归”和“分位点回归”，分别探讨了国际友城对中国入境旅游的平均效应和分位点效应。研究发现：（1）国际友城活动主要通过以经贸、文化等交流为主要内容的国际友好城市交流大会或国际友好城市市长论坛促进入境游客的增加，同时，也通过国家或相邻城市之间的空间溢出或示范效应促进入境旅游流的增加。(2) 中国国际友城的空间分布呈明显的“2311”集聚特征。(3) 国际友城活动对中国入境游具有显著促进作用。平均来看，在其他变量保持不变的条件下，国际友城累计数每增加1%，入境中国的外国游客将增加0.028%，这在实践中也是一个不小的效应。(4) 国际友城活动对中国入境游的效应存在分位点差异，倒“U”型效应曲线特征明显。国际友城活动对中国入境游促进最大的是25%分位点（对应的国际友城数和入境外国游客数分别为6对和3.6万人次），其次沿着10%、50%、75%和90%分位点方向依次减弱，到达90%分位点处，促进作用变为负数。上述发现对中国在“十三五”期间的国际友城空间布局及入境旅游市场拓展方向具有重要的启示。

旅游外交与构建我国新型国家关系问题探析

王鹏飞，魏翔在《现代管理科学》2017年第12期撰文指出，作为全球第一大出境旅游客源国和境外旅游消费国，中国旅游业的非正式外交职能日益凸显，旅游外交成为中国外交的重要组成部分和国家对外联系的新渠道和手段。在对旅游外交概念、内涵和作用机理深入挖掘的基础上，通过对中菲“南海仲裁”事件和中韩“萨德”事件两个旅游外交案例进行分析，发现具有灵活、非正式属性的旅游外交可以作为协调两国外交关系的助推剂和稳定剂，取得良好的外交效果。最后在如何强化旅游外交顶层设计、助力构建新型国家关系格局、提升国民自身素质和提高旅游服务质量方面提供了政策建议。

试析旅游业的和平外交性

梅毅在《江西社会科学》2006年第10期撰文指出，在现代社会条件下，深厚的和平底蕴是和平旅游外交的基础，丰富的文化内涵是和平旅游外交的本质，广泛的“人流”与关注是和平旅游外交的途径，无边界发展和民间特色是和平旅游外交的空间。旅游业是完全意义上的和平外交产业。

旅游外交：我国旅游产业发展新取向

梅毅在《南昌大学学报（人文社会科学版）》2006年第37卷第5期撰文指出，当前，我国旅游业已经从传统的经济产业，慢慢转变成了具有较强对外交往功能的产业，许多方面体现了一定的国家利益和意志。旅游业发展在许多领域，显示了走向“旅游外交”的新趋势：在对外事务中的分量日益增加，推进国际区域合作能力不断增强，“客源外交”战略初见成效，对外交流规模不断扩大和层次不断提高。

旅游外交与国家形象传播

邹统钎，胡莹在《对外传播》2006年第5期撰文指出，近年来，中国公民出境旅游飞速发展。自2012年开始，中国一直稳居国际旅游花费最多的国家。2015年世界旅游业占全球GDP的10%左右，占全球就业总量的9.5%。世界旅游和旅行理事会预测，2015—2025年，旅游业的增长率将继续高于宏观经济增长率，且高于大多数其他行业的增长率；十年间，旅游业将提供7290万个新工作岗位，其中2320万个就业机会将直接在该行业内部产生；到2025年，全球每年国际游客数量将达18亿人次。

用特殊签证政策促进旅游外交开拓
——借鉴澳大利亚工作旅游签证政策的实施经验

赵佳君在《中国旅游评论》2016年第3期撰文指出，在中国特色大国外交的新时期，旅游外交的重要性提升。工作旅游签证是一种特殊的旅游签证，能够通过促进青年旅游，改善文化交流，开拓旅游外交。以最早开放工作旅游签证的国家澳大利亚为例，分析了工作旅游签证对旅游外交的促进作用，我国实施工作旅游签证政策的政策和法律条件，并提出了我国实施工作旅游签证政策的制度框架设计。

国际旅游与国际关系的相互关系辨析

陈邦瑜在《经济与社会发展》2015年第13卷第5期撰文指出，国际旅游作为国家对外交往的普通方式，与国际关系有密切联系。国家间关系正常化、准入协议的签订是发展国际旅游的前提，利好事件能推动国际旅游获得快速发展。国家间关系恶化、国际危机事件、旅游外交反制措施和国际非传统安全因素会严重破坏国际旅游。反之，发展国际旅游能推动国家间关系正常化、世界和平与国际关系民主化，有利于调节外汇收支、提升经济竞争能力，促进对外文化传播、提升国家形象。当然，国际旅游也会对国际关系有一定的潜在负面影响。

中国特色大国外交视角下的“一带一路”

高飞在《经济科学》2015年第3期撰文指出，“一带一路”倡议，是中国统筹国际国内两个大局，扩大对外开放的新蓝图的有力举措，对于推进中国特色的大国外交和新型国际关系建设具有重要意义。一、“一带一路”倡议是立足中国的比较优势的战略谋划。如同中国历史上汉唐时期的陆上丝绸之路、南宋时期的海上丝绸之路，经济繁荣是丝绸之路兴盛的前提，当代中国经济的崛起使丝绸之路的复兴成为可能。